KB181703

오렌지노의

영상 편집을 위한
유튜브 배경음악

오렌지노의 영상 편집을 위한 유튜브 배경음악

개러지밴드로 시작하는 나만의 배경음악, 테마송 만들기

© 2019. 오렌지노(이진호) All Rights Reserved.

1쇄 발행 2019년 10월 24일

지은이 오렌지노(이진호)
펴낸이 장성두
펴낸곳 주식회사 제이펍

출판신고 2009년 11월 10일 제406-2009-000087호
주소 경기도 파주시 회동길 159 3층 3-B호
전화 070-8201-9010 / **팩스** 02-6280-0405
홈페이지 www.jpub.kr / **원고투고** jeipub@gmail.com
독자문의 readers.jpub@gmail.com / **교재문의** jeipubmarketer@gmail.com

편집부 이종무, 이민숙, 최병찬, 이 슬, 이주원 / **소통·기획팀** 민지환, 송찬수 / **회계팀** 김유미
기획 및 진행 송찬수 / **교정·교열** 강민철 / **내지 및 표지 디자인** 책돼지
용지 타라유통 / **인쇄** 한길프린테크 / **제본** 광우제책사

ISBN 979-11-88621-78-1 (13000)
값 18,000원

제이펍은 독자 여러분의 아이디어와 원고 투고를 기다리고 있습니다. 책으로 펴내고자 하는 아이디어나 원고가
있는 분께서는 책의 간단한 개요와 차례, 구성과 저(역)자 약력 등을 메일로 보내주세요. *jeipub@gmail.com*

오렌지노의
영상 편집을 위한
유튜브 배경음악

개러지밴드로 시작하는 나만의 **배경음악, 테마송 만들기**

오렌지노 지음

드리는 말씀

♪ 이 책에 기재된 내용을 기반으로 한 운용 결과에 대해 저자, 소프트웨어 개발자 및
제공자, 제이펍 출판사는 일체의 책임을 지지 않으므로 양해 바랍니다.

♪ 이 책에 등장하는 회사명, 제품명은 일반적으로 각 회사의 등록 상표(또는 상표)이며,
본문 중에는 ™, ©, ® 마크 등을 생략하고 있습니다.

♪ 이 책에서 사용하고 있는 제품 버전이나 실행 결과는 독자의 학습 시점에 따라
책의 내용과 다를 수 있습니다.

♪ 책의 내용과 관련된 문의사항은 지은이 혹은 출판사로 연락해주시기 바랍니다.
   • 지은이: jino@jino.me
   • 출판사: readers.jpub@gmail.com

차례

PART 3 연주를 가미하여 본격적으로 작곡하기 147

Chapter 06 작곡을 위해 꼭 알아야 하는 음악 이론 149

Chapter 07 'Happy birthday to you'에 코드 입히기 175

머리말

개인부터 기업, 연예인, 심지어 방송사까지 유튜브 채널을 운영하다 보니 폭발적으로 증가한 유튜브 사용과 함께 유튜브 크리에이터라는 직업이 주목을 받고 있습니다. 더불어 영상을 촬영하고 편집하는 사람들도 기하급수적으로 늘어났습니다. 이처럼 유튜브라는 플랫폼은 다양한 직업을 파생시켰고, 새로운 가치 창조를 위한 투자로써 반드시 필요한 기술이 되어가고 있습니다.

하지만 그만큼 유튜브 생태계 경쟁은 치열해졌습니다. 단순히 콘텐츠를 촬영하고 업로드하는 데 그치던 것이 전문적인 편집이 가미되어 점차 수준 높은 영상들이 많아졌습니다. 결국 크리에이터로 도전하려면 더 많은 준비와 노력이 필요하게 된 것입니다. 다만 아직까지 영상 음악 제작, 3D 모션 그래픽 등의 분야는 크게 대중화되지 않은 분야이므로 이 영역을 잘 활용한다면 나름의 경쟁력을 갖추게 될 것입니다.

그중 이 책에서 다루고자 하는 영상 음악은 전문적인 분야이지만, 누구나 쉽게 도전할 수 있습니다. 맥 컴퓨터와 아이폰, 아이패드와 같은 애플 기기에서 제공하는 무료 애플리케이션, 개러지밴드(GarageBand)를 이용하여 간단한 배경음악부터 나만의 테마송까지 음악을 쉽고 빠르게 직접 만들 수 있습니다. 여러분의 관심과 열정을 투자하여 영상 편집의 필수 요소인 배경음악을 직접 만드는 보람을 느낄 수 있게 도와드리겠습니다.

2019년 10월

오렌지노(이진호)

이 책의 구성

저작권 Free, 유튜브 크리에이터 경쟁력 Up! 직접 만들어 직접 사용하는 유튜브 배경음악 만들기에 지금 바로 도전해 보세요. 10년 이상 개러지밴드로 강의와 음악 활동을 하고 있는 오렌지노가 친절하게 알려 줍니다.

체계적이고 탄탄한 구성

음악의 '음'도 모르는 초보자도 할 수 있는 애플 루프 믹싱을 이용한 배경음악 만들기부터 음악의 기초를 쌓고, 생일 축하곡을 활용한 악기 연주 및 편곡 작업을 진행해 보면서 나만의 테마송 만들기 실력을 쌓을 수 있습니다.

Step 1	Step 2	Step 3
왜 직접 만들어야 하는가?	애플 루프 믹싱으로 만드는 배경음악	악기 연주를 가미한 테마송 만들기

무료로 사용할 수 있는 배경음악이 있는데, 왜 굳이 직접 만들어서 사용해야 하는지 속 시원한 해답을 알려드립니다.

개러지밴드의 기본 화면 구성부터 맥용 개러지밴드를 이용한 애플 루프 믹싱으로 간단한 배경음악을 만들어 봅니다.

음악에 대한 기초적인 이론부터 아이폰/아이패드를 이용하여 Happy Birthday To You 곡을 직접 연주하면서 나만의 테마송 만들기 연습을 진행합니다.

다양한 구성 요소로 제대로, 그리고 즐겁게 배울 수 있다!

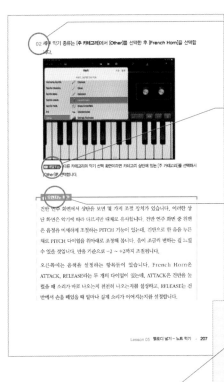

Step by Step

음악을 몰라도 읽고 따라 하면서 작곡도, 개러지밴드도 함께 배울 수 있습니다.

깨알Tip

실습 중에 혹은 내용 설명 중에 놓칠 수 있는 사소한 팁도 놓치지 않고 알려 줍니다.

오렌지노 특강

좀 더 알아 두면 유용한 음악 이론이나 유튜브/개러지밴드 관련 정보를 오렌지노 특강에서 만나 보세요.

한 걸음 더

개러지밴드 이외의 작곡 프로그램 소개부터, 게임처럼 즐기는 Live Loops, 커버송 신드롬까지 개러지밴드를 좀 더 유용하게 활용할 수 있고, 틈틈이 읽으면 유익한 정보를 담았습니다.

개러지밴드 미리보기

맥용 개러지밴드 미리보기

▲ 프로젝트 선택 창

▲ 신규 프로젝트 화면

아이폰/아이패드용 개러지밴드 미리보기

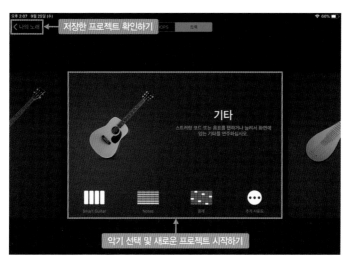

저장한 프로젝트 확인하기

악기 선택 및 새로운 프로젝트 시작하기

▲ 악기 선택 화면

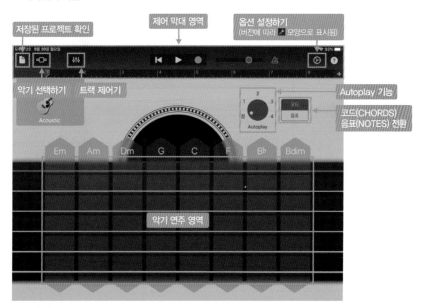

저장된 프로젝트 확인

제어 막대 영역

옵션 설정하기
(버전에 따라 🔧 모양으로 표시됨)

악기 선택하기

트랙 제어기

Autoplay 기능

코드(CHORDS)
음표(NOTES) 전환

악기 연주 영역

▲ 악기 연주 화면

동영상 QR 코드

책으로 부족한 내용은 동영상으로!!

지면의 한계로 설명하기 어려운 내용은 유튜브 동영상으로 빠르게 확인할 수 있습니다. 아래에 소개한 영상 이외에도 오렌지노 유튜브 채널에 방문하시면 다양한 영상을 확인할 수 있습니다.

 오렌지노 유튜브 채널: https://www.youtube.com/jinosori

즐겁고 활기찬 배경음악	긴장감 넘치는 배경음악	슬프고 무거운 배경음악	터치로 디제잉하기

리듬 알고가기	음계와 음정 알고가기	화음 알고가기	연주를 가미하여 편곡하기

PART 1

유튜브 영상 편집과
배경음악 그리고 저작권

간혹 '유튜브 영상에서 누가 음악을 듣나요?', '그냥 덜 유명
하고 좋은 곡을 가져다 쓰면 되는 것 아닌가요?', '무료 음원
을 쓰면 되지 않나요?'와 같은 질문을 받을 때가 있습니다.
이번 PART에서 이런 질문에 명확히 대답해 드리려고 합니
다. 영상에서 음악이 왜 중요한지, 그리고 저작권 지식이 부
족할 때 생길 수 있는 큰 문제들에 대해 다룹니다.

PART 1

유튜브 영상 편집과
배경음악 그리고 저작권

Chapter 01

영상 편집의 대중화와
배경음악 저작권 이슈

자본주의 사회에서 창작을 동반하는 작업의 가치는 어떻게 결정될까요? 바로 그 작업을 잘할 수 있는 전문가의 희소성과 이를 필요로 하는 수요에 따라 판단할 수 있습니다. 현재 영상에 대한 니즈는 크게 늘어나고 있어 영상 편집 기술의 가치가 높아지고 있습니다. 이번 Chapter에서는 영상 편집 기술이 어떻게 대중화되고 있는지, 그리고 영상 편집에 활용되는 음악 저작권에 대해 제대로 알지 못하면 어떤 일이 생길 수 있는지를 깊이 있게 살펴보겠습니다.

Lesson 01

유튜브 크리에이터의 전성기

2018년 12월 기준 메이블에서 발표한 유튜브 최신 트렌드에 따르면 2006년 구글이 인수한 유튜브는 꾸준한 성장을 거쳐 국내에서도 95%라는 독보적인 점유율로 가장 영향력 있는 동영상 플랫폼이 되었다고 합니다. 2019년 현재 국내 월간 방문자 수도 3천만 명을 넘어섰다고 하며, 평균 이용 시간도 큰 폭으로 늘면서 그 영향력이 얼마나 더 커질지 기대가 됩니다.

이렇게 유튜브가 성장한 이유는 양질의 무료 콘텐츠가 많기 때문입니다. 특히 1인 크리에이터가 다양한 분야에서 각자의 색깔로 활동하는 것이 큰 성장 동력이 되었을 것입니다.

허팝Heopop
구독자 336만명 • 동영상 1,503개
안녕하세요. 허팝입니다 ^^ 여러분의 호기심을 해결해드리며 재미난 일상을 공유합니다.
겁멋이 아닌 솔직한 모습으로 함께 인생 즐겨 ...

구독

영국남자 Korean Englishman ✔
구독자 344만명 • 동영상 356개
안녕하세요! 제 이름은 조쉬이고, 저는 영국남자예요. 제 친한 친구 올리와 영상 만들어서
매주 한국 시간 수요일 저녁 8시반쯤에 영상 ...

구독

대도서관TV (buzzbean11)
구독자 184만명 · 동영상 7,841개
매일 새로운 영상들이 업로드 되고 있습니다. 알람 체크 해놓으시면 좋습니다. 꾸벅꾸벅
~ (_ _) (^ ^)b 언제나 유쾌한 대도서관TV가 ...

구독

도티 TV ✓
구독자 253만명 · 동영상 3,167개
With SANDBOX Network* ▷인스타그램(@ddotty.heesun) :
https://www.instagram.com/ddotty.heesun 채널을 구독 하시면 매일매일 ...

구독

▲ 100만 명 이상의 구독자를 보유한 유명 유튜브 크리에이터들

지금까지도 꾸준하게 시청자 수와 시청 시간이 늘고 있고, 여전히 새로운 크리에이터와 콘텐츠에 목마른 소비자가 많다는 것은 유튜브 크리에이터라는 직업이 블루오션임을 보여 줍니다.

또한 특정 기준 이상이 되면 구글 광고 프로그램 연결을 통해 수익을 창출할 수 있기에 취미로 시작했다가 투잡으로, 투잡에서 전업으로 전향하는 크리에이터도 늘고 있습니다. 이렇게 새롭게 진입하는 크리에이터는 이미 자리잡은 선배 크리에이터와 경쟁하여 영향력을 얻기 위해 많은 노력을 기울이고 있는 상황입니다. 유튜브 크리에이터가 활동하기에 점점 더 좋은 환경이 갖춰지고 있지만 한편으론 많은 재능이 필요해진 것도 사실입니다. 자신의 채널을 통한 수익이 많거나 소속사에 속해 있다면 전문가의 손을 빌려 영상 편집을 대신할 수 있겠지만, 이에 해당하지 않는 다수의 크리에이터는 직접 영상 편집도 잘 해야 합니다. 또한 구독자 확보를 위해 콘텐츠 기획력도 필요하고 초기에 반응이 없더라도 꾸준히 영상을 올릴 수 있는 인내심도 필요합니다. 누구에게나 기회를 제공하지만 아무나 성공할 수 있는 것은 아닌 셈이지요.

▲ 참신하고 독특한 콘셉트로 도전하는 신규 크리에이터들

이렇게 치열한 경쟁에서 살아남으려고 고군분투하는 유튜브 크리에이터 여러분께 경쟁력이 될 수 있는 무기를 하나 드리려 합니다. 바로 배경음악입니다. 배경음악을 직접 제작하면 남과 다른 경쟁력을 얻고, 전반적인 영상 편집의 완성도를 올릴 수 있는 기회가 될 것입니다.

혹시 자신은 음악 콘텐츠를 다루지 않아서 상관이 없다고 생각하는 분이 계신가요? 그렇지 않습니다. 게임, 뷰티/화장품, 먹방, Vlog/일상, 여행, 키즈 등 모든 장르에서 배경음악이 주는 몰입감은 무시할 수 없는 영향력을 갖습니다. 지금 바로 유튜브에서 '브금의 중요성'을 검색해 보세요. '브금'은 BGM^{BackGround Music}을 우리말로 읽은 신조어입니다.

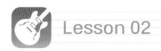

Lesson 02

TV 프로그램 vs 유튜브 콘텐츠

요즘에는 TV 프로그램에 나오는 연예인만큼, 혹은 그 이상으로 인기가 많은 크리에이터가 많아졌습니다. 특히 구독자가 50만 명 이상이라면 길거리에서도 알아보는 사람이 많을 정도의 인기인입니다. 이렇게 많은 구독자를 모으기까지 많은 노력이 있었을 텐데요. 이런 채널의 특징은 바로 콘텐츠 기획력과 영상 편집 능력이 TV 프로그램에 버금가거나 능가한다는 사실입니다.

물론 영상 편집이 서툴러도 참신한 기획만으로 성장한 크리에이터도 많습니다. 하지만 신규 크리에이터가 유입되고 유사한 콘텐츠가 많아지면서 더 큰 성장에 한계가 있습니다. 결국 크리에이터 매니지먼트 소속사에 합류하여 전문 편집자의 힘을 빌리거나 수익금으로 편집자를 고용하는 등의 재투자 방법을 택하는 것이 일반적입니다. 그리하여 영향력 있는 크리에이터의 채널은 대체로 TV 프로그램과 유사한 수준의 콘텐츠가 주를 이루게 되었습니다.

사업소개 세상 즐거움을 창조하는 DIA TV를 소개합니다.

ASIA'S NO.1
CREATOR GROUP

▲ 국내 최대 크리에이터 매니지먼트 소속사 DIA TV

그런데 크리에이터의 수준 높은 기획력과 영상 편집에 비해 유독 TV 프로그램 수준에 미치지 못하는 영역이 있습니다. 바로 배경음악^{BGM}입니다. TV 프로그램은 방송국의 음원 사용 프로세스에 따라 상황에 맞는 곡의 저작권을 구매하여 영상에 적극적으로 삽입하는 것에 비해, 대부분의 유튜브 영상을 보면 이미 여러 번 들은 적 있는 익숙한 무료 음원들을 반복해서 사용하는 경우가 많습니다.

아무래도 삽입하고자 하는 곡이 있더라도 저작권 침해의 위험이 있으며, 음원을 사용하는 적법한 프로세스를 모르거나, 배경음악의 중요성을 크게 인지하지 못하는 경우가 많은 것 같습니다. 청각적인 부분보다 시각적인 부분에 더 집중하다 보니 한 채널에서도 영상별로 볼륨에 다소 차이가 발생하여 영상을 시청하는 구독자가 상황에 따라 직접 볼륨을 조절해야 하는 경우도 자주 접합니다.

이러한 음향적인 부분까지 더 신경 쓴다면 상대적으로 훨씬 완성된 영상을 제작할 수 있게 됩니다. 이것이 바로 우리가 유튜브 영상 편집에서 음향을 중요하게 생각해야 하는 이유입니다. 기획력, 영상 편집 능력과 함께 적절한 배경음악과 효과음 활용, 마지막으로 영상 사운드 보정까지 갖춘다면 여러분 채널의 성장 속도는 더욱 빨라질 것입니다.

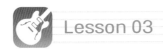

Lesson 03

내 콘텐츠에 대중가요를 넣으면
일어나는 일

유튜브 영상에서 배경음악의 중요성을 어느 정도 알았으니, 이제 왜 아무 배경음악이나 사용하면 안 되는지에 대해 이야기해 보겠습니다. 혹시 여러분은 유튜브 영상에 무작정 좋아하는 음악을 넣었다가 저작권 침해로 경고를 받아 본 적이 있나요? 이러한 과정은 저작권자가 직접 신고해도 일어나지만 유튜브 플랫폼에서 자체적으로 콘텐츠 검증 프로그램을 운영하기에 가능한 일입니다.

일부러 넣은 음악이 아닌, 대중음악이 흘러나오는 길거리를 촬영한 영상을 업로드해도 이러한 저작권 침해 경고를 받을 수 있는데요. 다음은 제가 촬영해서 업로드한 분수 쇼 영상에 나오던 음악 때문에 받은 저작권 침해 신고 제기 메일입니다.

▲ 저작권 침해 신고 제기 메일

문제없을 줄 알고 무작정 사용하다가 잠깐의 실수로 제재를 받을 수 있는 유튜브 음원 저작권에 대해 좀 더 알아봅시다.

앞서 이야기한 저작권 침해 신고 제기 메일은 직접 삽입한 음악뿐 아니라 카페 같은 매장에서 재생 중이던 음악 등도 저작권 침해가 될 수 있다는 것을 알려 주는 경고입니다. 다소 무서워 보이는 '저작권 침해 신고 제기'라는 표현에 겁이 날 수 있지만 이것만으로 곧바로 불이익을 받는 것은 아닙니다. 다만 '저작권 위반 경고'를 3번 받으면 채널이 해지될 수 있는 점을 인지하고 저작권 정책을 숙지해야 합니다. 채널이 해지되면 힘들게 제작해서 업로드한 영상은 물론 구독자까지 모두 사라질 수 있기 때문입니다.

유튜브에서는 이미 등록한 영상을 수정할 수 있는 기능을 제공하며, 그중 영상 음악도 포함됩니다. 멘트나 다른 중요한 오디오가 포함되지 않은 영상이라면 유튜브 스튜디오(https://studio.youtube.com/)에서 동영상을 선택한 후 [편집기]를 선택해서 '유튜브 크리에이터 스튜디오 편집기'를 이용해 오디오를 교체할 수 있습니다. 이 경우 유튜브에서 제공하는 무료 음원으로 교체하면 됩니다. 그러므로 저작권 개념의 이해가 부족하여 대중가요를 잘못 사용한 경우 이 방법으로 배경음악을 교체하여 문제를 해결할 수 있습니다.

▲ 유튜브 크리에이터 스튜디오 편집 화면

이처럼 저작권자가 명백한 대중가요가 영상에 포함되면 여러모로 불편을 초래하며, 최대한 피해야 하는 행위라는 것을 숙지하기 바랍니다.

저작권 침해 신고를 받았다고 해서 반드시 저작권법에 위배된 것은 아닙니다. 제기 내용을 잘 확인한 후 전혀 이상이 없거나 잘못된 신고라고 판단된다면 이의를 제기해서 문제를 해결할 수도 있습니다. 이 경우 저작권자가 신고가 잘못되었다고 인정해야 하는 등 다소 까다로운 절차가 있고, 시간도 오래 걸리는 편입니다. 이런 절차를 거쳐 최종적으로 다음과 같이 신고 무효를 주장할 수 있습니다.

다음과 같은 이유로 이 저작권 침해 신고가 무효라고 생각합니다.
○ CD/DVD를 소유하고 있거나 온라인에서 곡을 구입했습니다.
○ 동영상을 판매하거나 동영상으로 수익을 창출하려는 의도가 없습니다.
○ 동영상에서 자료의 출처를 밝혔습니다.
○ 이 동영상은 본인의 원본 콘텐츠이고 모든 권한은 본인이 가지고 있습니다.
○ 라이선스가 있거나 저작권 보유자로부터 자료를 사용할 수 있는 허가를 받았습니다.
○ 본인은 해당 콘텐츠 사용 시 저작권 관련 법규에 따라 정당한 사용 또는 정당한 취급을 위한 법적 요건을 충족합니다.
○ 해당 콘텐츠는 공개 도메인에 포함되어 있거나 저작권 보호 대상이 아닙니다.

[계속]

▲ 이의 제기 신청

또한 저작권 침해 신고를 받았더라도 영상 콘셉트에 따라 그 음악을 꼭 사용해야 한다면 해당 영상의 수익을 저작권자에게 제공하는 방법을 통해 삽입한 음원을 유지할 수 있습니다.

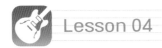

Lesson 04

유튜브 제공 무료 음원만 사용하면
아무 문제가 없을까?

크리에이티브 커먼즈 라이선스^{CCL}에 대해 들어 본 적 있나요? CCL이란 저작물 이용 권리에 대한 국제규약입니다. 저작자 표시, 영리 목적 사용 등에 대한 조건을 설정하여 사용 권한을 지정할 수 있으며, 허락된 사용 범위를 벗어날 경우 저작권 침해에 대한 신고 절차를 진행할 수 있는 기준이 됩니다. 조건을 설정한다고 저작권이 저절로 보호되는 것은 아니니, 중요한 저작물은 타인이 무분별하게 사용하는지 주기적으로 검토해야 합니다.

오렌지노 특강

> 여섯 종류의 CCL 중 가장 엄격한 조건인 '저작자표시-비영리-변경금지(CC BY-NC-ND)'로 설정하면 타인이 자신의 저작물을 사용하기 위해선 원저작자를 밝히는 한 해당 저작물을 다운로드하고 공유하는 것만 허용됩니다. 또한 어떠한 변경도 가할 수 없고 상업적으로 이용할 수도 없습니다.

하지만 저작권을 엄격하게 제한하기만 하고 대안을 주지 않는다면 다양한 콘텐츠가 나오기가 어렵겠죠? 이에 유튜브는 크리에이터를 위해 양질의 음원을 무료로 제공하고 있습니다. 유튜브 메뉴 중 [크리에이터 스튜디오]에 있는 [오디오 라이브러리]로 이동하거나 https://www.youtube.com/audiolibrary/에 접속하면 수많은 무료 음악과 음향 효과가 있습니다.

오디오 라이브러리

| 무료 음악 | 음향 효과 | | | | | | |

프로젝트에 사용할 무료 음악을 찾고 다운로드해 보세요.

트랙		장르 ▾	기분 ▾	악기 ▾	시간 ▾	저작자 표시 ▾	음악 검색
▶	School Bus Shuffle	NEW			2:55	Freedom Trail Studio	팝 | 행복
▶	Price Check	NEW			3:31	Freedom Trail Studio	댄스 & 일렉트로닉 | 펑키
▶	Always Be My Unicorn	NEW			2:40	Freedom Trail Studio	팝 | 행복

▲ 오디오 라이브러리

이러한 유튜브 제공 무료 음원을 사용하는 분들이 크게 오해하는 부분이 있습니다. 유튜브에서 제공하는 모든 무료 음악은 조건 없이 사용할 수 있다고 생각하는 것인데, 사실 이 무료 음원에도 CCL이 적용되어 있습니다. 그러므로 음원을 사용하기 전에 반드시 라이선스를 확인해야 합니다.

장르 ▾	기분 ▾	악기 ▾	시간 ▾	저작자 표시 ▾	음악 검색
		3:05	Freedom Trail Stu	저작자 표시 필요 없음	악 | 영감
		1:50	Geographer	저작자 표시 필요	잔잔한 음악 | 고요하고 맑음
		3:50	Sextile	모든 라이선스	잔잔한 음악 | 고요하고 맑음

▲ 오디오 라이브러리 화면에서 저작자 표시 필터 활용하기

만약 저작자 표시조차도 필요 없는 무료 음악을 사용하고 싶다면 위와 같이 오디오 라이브러리에서 **[저작자 표시 필요 없음]**을 선택해서 표시되는 곡들만 사용하면 됩니다. 하지만 저작자 표시가 필요한 곡 중에 마음에 드는 곡이 더 많을 수 있습니다. 영상에서 두 줄 정도는 저작자를 위해 기꺼이 할애하는 것이 자신과 타인의 저작물의 가치를 존중하는 바람직한 기본 행위입니다.

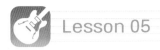

유튜브 배경음악 저작권 정책

지적재산권의 한 형태인 저작권이란 대체로 저작물을 만든 저작권 소유자가 저작물을 사용할 수 있는 독점 권한을 말합니다. 시청각 콘텐츠, 음원 및 음악, 저술한 작품, 게임 및 소프트웨어 등의 작품이 저작물로 보호받습니다. 유튜브 또한 저작자가 저작물을 침해받는 일을 방지하여 건강한 생태계로 운영될 수 있도록 다양한 노력을 하고 있습니다. 누군가 유튜브 내에서 타인의 저작물로 수익을 낼 수 없도록 개입하는 방식으로 말이죠.

음악 저작권

음악계에는 크게 '음원'과 '음악 작품'이라는 두 종류의 저작권이 있습니다. 음원은 녹음된 오디오를 뜻하며 연주자, 제작자, 엔지니어가 저작권을 소유합니다. 음악 작품은 악보나 파일 형태로 된 음악과 가사를 뜻하며, 작곡가와 작사가가 저작권을 소유합니다. 같은 곡을 다양한 아티스트가 각각 녹음하는 경우 하나의 음악 작품에 여러 음원 저작권이 존재할 수 있습니다.

음악 라이선스

저작권 소유자는 다른 사용자에게 자신의 저작물을 사용할 수 있는 특정 권리를 부여할 수 있는데, 이 계약을 음악 라이선스라고 합니다. 음악 작품을 공개적으로 연주하거나 동영상에 음원을 사용할 수 있도록 하는 등의 라이선스가 있습니다. 이러한 라이선스 없이 무단으로 음원을 사용한다면 저작권 게시 중단을 신청할 수 있고, 영상을 유튜브에서 삭제할 것을 요청할 수 있습니다.

그렇다면 저작자에게 음원을 사용할 수 있도록 권한을 요청하려면 어떻게 해야 할까요? 우선 유튜브에서는 이미 업로드한 영상에 콘텐츠 사용 권한을 부여할 수 없기에 사전에 저작자에게 허가를 받아야 합니다. 기존에는 유튜브에서 메시지를 보내 사용 허가를 받을 수 있었지만 2018년 7월부터 이 기능이 사라졌습니다. 그러므로 공개된 이메일 주소를 이용해 직접 연락해야 합니다. 아래 영상은 유튜브 크리에이터를 지원하기 위한 목적으로 개설된 YouTube Creators라는 채널에 있는 콘텐츠로, 음악을 사용하는 방법들에 대해 소개하고 있으니 참고하면 좋습니다.

▲ https://youtu.be/cYurafmTwcw

그렇지 않습니다. 실제로 많은 사람들이 이렇게 오해하고 있으며, 유튜브 측에도 문의가 많다고 합니다. 비용을 지불하고 음원을 구매했더라도 그 음원을 청취하는 권한을 얻은 것이지, 유튜브 영상에 업로드할 수 있는 권한까지 얻게 되는 것은 아닙니다. 일반적으로 1,000원이 되지 않는 MP3를 구매하고, 유튜브 등에 자유롭게 게시하게 된다면 해당 저작자는 정당하게 받아야 하는 금전적 이득을 제대로 얻지 못하게 될 것입니다.

저작자는 자신의 음악이 무단으로 사용됐다는 걸 어떻게 찾아내는 것일까?

유튜브의 음원 저작권은 Content ID 시스템을 통해 관리됩니다. 저작자는 유튜브에 음원을 제출하고, 유튜브에서는 해당 데이터베이스와 일치하는 음원을 타인이 사용하는 것을 인지할 수 있는 독자적인 소프트웨어를 활용합니다. 이로 인해 저작물과 일치하는 음원이 사용될 경우 Content ID 소유권 주장이 제기됩니다. 저작자가 애를 써서 찾지 않더라도 유튜브 시스템에 따라 자동으로 찾아낼 수 있는 것이죠. 따라서 곡명을 콘텐츠에 적지 않는다고 저작자에게 발각되지 않을 것이라는 안일한 생각에 무단으로 저작물을 사용하면 금세 제재를 받을 수 있습니다. 음원과 정확하게 일치하지 않더라도 같은 멜로디 등을 인지하여 리메이크나 모방한 곡도 찾아낼 수 있으므로 의도적으로 일부를 변형해서 사용하는 것도 Content ID에 의해 발각됩니다. 유튜브는 이 시스템이 보다 정교하게 작용될 수 있도록 지속적으로 개선하고 있습니다.

유튜브 음악 정책에는 우리가 알고 있는 곡들의 노래 정책이 정리되어 있습니다. 예를 들어 Psy의 '강남 스타일' 음원이 포함된 영상을 업로드하면 전 세계에서 재생이 가능하지만 광고가 표시될 수 있고, 이 광고 수익은 저작권자에게 돌아가도록 되어 있습니다. 다만 리메이크 곡을 연주할 경우 스위스, 터키를 제외한 전 세계에서 재생이 가능하며 마찬가지로 광고가 표시될 수 있습니다. 다만 저작자가 정책을 변경하여 저작권 게시 중단 알림을 제출할 수 있기에 유튜브 음악 정책만 믿고 아무 콘텐츠에나 타인의 음원을 사용하는 것은 지양하는 것이 좋습니다. 아래 링크를 통해 곡별로 유튜브 음악 정책을 확인할 수 있습니다.

음악 정책

이 디렉터리에는 노래 목록 및 저작권 소유자가 설정한 각 노래의 현재 정책이 나와 있습니다. 자세히 알아보기

음악 검색 🔍

∧	**Gangnam Style**	**Psy**
	이 노래를 사용하는 경우	
	재생	전 세계에서 재생 가능
	광고	광고가 표시될 수 있음 ⓘ
	리메이크 곡을 연주할 경우	
	재생	2개 국가를 제외한 모든 국가에서 재생 가능 ⓘ
	광고	광고가 표시될 수 있음 ⓘ

저작권 소유자는 정책을 변경하거나 동영상에 대해 여기에 설명되어 있는 내용과 다른 조치를 취할 수 있습니다. 자세히 알아보기

∨	Crank That (Soulja Boy)	Soulja Boy Tell'em
∨	Love Me Like You Do - Univers...	Ellie Goulding
∨	All Star	Smash Mouth
∨	Let Me Love You	DJ Snake

▲ https://www.youtube.com/music_policies/

Lesson 06

내 음원의 저작권 확보하기

이 책을 보고 끝까지 따라 한 분들은 자신만의 곡을 만들 수 있게 되고, 그 음원의 저작권을 등록하여 새로운 가치를 창출하고 싶은 욕심이 생길 수 있습니다. 내가 만든 음악의 저작권을 보호받기 위해서는 저작물 등록이 필수입니다.

저작권 협회 등록

저작물을 등록하려면 저작물 관리를 신탁할 저작권 협회에 먼저 음악 저작물을 등록해야 합니다. 창작한 음악 저작물이 있다면 저작권 협회에 가입할 수 있으며, 음반이나 디지털 음원 발매 등을 하지 않은 저작물도 공연, 유튜브 등으로 대중에게 공개된 경우에 가입할 수 있습니다. 국제적으로 저작권 관리 단체는 중복 가입이 불가하며, 국내에는 한국음악저작권협회(komca.or.kr), 함께하는음악저작인협회(koscap.or.kr) 등이 있어 입회와 신탁 계약을 체결하여 저작권자로 보호받을 수 있습니다.

이후 가입한 단체에 작품을 등록해야 합니다. 작품 등록을 신청할 때는 음반, MP3 음원 등 공표된 자료를 필수적으로 첨부해야 하며, 자세한 절차는 각 협회 웹사이트에서 확인할 수 있습니다.

유튜브 Content ID로 보호받기

유튜브에서 내 저작물을 보호하기 위해선 별도의 권한이 필요합니다. 하지만 권한을 얻기 위해서는 유튜브 사용자 커뮤니티에서 자주 업로드되는 원본 자료의 상당 부분에 대해 독점권을 보유해야 하는 등 까다로운 조건이 필요합니다. 권한이 있다면 Content ID, 콘텐츠 검증 프로그램[CVP], Copyright Match Tool과 같은 시스템을 활용할 수 있습니다. 또는 제3자 서비스 제공업체를 통해 활용이 가능합니다. 일반적으로 음원은 위탁한 음원 유통사에서 관리하는 경우가 많으니, 아티스트로서 상당한 영향력을 확보하기 전까진 유통사 담당자에게 문의하면 됩니다. 보다 자세한 내용은 유튜브 도움말(http://www.youtube.com/t/contentid)에서 확인할 수 있습니다.

Chapter 02

가장 좋은 음원은
내가 만든 음원이다

Chapter 01에서 알아봤듯이 음악 저작권은 엄격하고 복잡합니다. 그래서 타인의 음원을 쓸 엄두가 쉽게 나지 않을 것입니다. 그렇다면 배경음악을 쓰는 가장 좋은 방법은 적절한 음원을 직접 만들고 라이선스를 통해 보호받는 방법이 아닐까요? 음악을 아무나 만들 수 있겠냐고요? 그럼요. 그래서 이 책이 있는 것입니다.

Lesson 01

매번 같은 음원에 피로를 느끼는 구독자들

유튜브는 오디오 라이브러리를 통해 무료 음원을 제공하고 있기에 수많은 크리에이터가 무료 음원을 사용하고 있습니다. 기존의 오디오 라이브러리에는 무료 음원의 인기도를 볼 수 있었고 많이 쓰는 순서로 정렬이 가능해서 많이 쓰인 음원들을 저장하여 지속적으로 활용한 크리에이터가 많았습니다. 그 때문에 언젠가부터 인기가 많은 상위권 음원만 주로 활용되어, 여러 채널의 콘텐츠 배경음악으로 흔하게 듣게 되는 악순환으로 이어졌습니다.

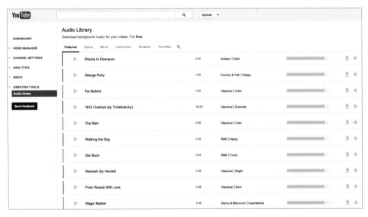

▲ 인기도순으로 정렬된 이전 버전 오디오 라이브러리(출처: 유튜브 공식 블로그)

이에 따른 고통을 호소하는 시청자도 많아졌습니다. 품질이 월등하게 좋은 것도 아닌데, 반복해서 사용되니 시청자는 '또 이 음악이야?'라며 눈살을 찌푸리게 되고, 심할 경우 해당 영상의 시청을 그만두게 될 수 있습니다. 분명 새로운 콘텐츠이지만 누군가에는 익숙한 무료 음원 때문에 조회수의 감소와 구독자 이탈로 이어지는 사태가 발생할 수도 있는 것입니다.

이러한 악영향을 인지했는지, 유튜브는 오디오 라이브러리에서 각 곡의 인기를 표시하는 항목을 제거했습니다. 이로 인해 특정 음원만 사용되는 현상을 조금은 줄일 수 있었지만, 그럼에도 해당 음원들을 미리 저장해서 사용하는 크리에이터들이 있기 때문에 여전히 흔한 음원으로 취급받고 있습니다. 대표적으로 인터넷에서 다운로드한 이미지들을 활용하여 자막을 넣고 이슈를 소개하는 콘텐츠를 제공하는 채널에서 이런 흔한 음원을 자주 사용합니다. 콘텐츠 자체의 독창성도 부족하면서 이미지와 무료 음원만 조합해서는 채널이 성장하는 데 한계가 있습니다. 이제 창의적인 콘텐츠를 생산하는 크리에이터가 꾸준하게 증가하는 환경이므로, 그런 단순한 조합으로 구성된 콘텐츠와 채널은 유튜브 생태계의 이미지를 저해하는 요소로 작용할 수 있습니다.

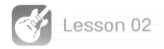

Lesson 02

무료로 배경음악을 만드는
가장 쉬운 방법, 개러지밴드

음악을 만드는 일은 어려운 일 같고 아직 전문가의 영역으로 인식되어 나만의 음악을 작곡하는 데 뛰어드는 사람이 많지 않은 것이 현실입니다. 그림을 그리거나 사진을 찍고 글을 쓰는 등의 창작 활동에는 상대적으로 쉽게 도전하는데 말이죠. 하지만 작곡 또한 곧 대중적인 취미가 될 가능성이 충분하다고 생각합니다. 그러니 남들이 다 시작한 후에 시작하기보다는 조금 앞서 지금 바로 도전해 본다면 경쟁력 있는 유튜브 크리에이터가 될 수 있을 것입니다.

물론 아무런 도구도 없이 음악을 쉽게 만들 수 있는 것은 아닙니다. 과거에는 적어도 하나의 악기를 연주할 수 있어야 했고, 화성학에 대한 지식도 어느 정도 필요합니다. 또한 전문적으로 시작하기에는 기술이나, 장비 등의 진입장벽도 있습니다.

▲ 유료 DAW 프로그램 Logic Pro X

하지만 컴퓨터 음악이 발달하면서 진입장벽이 조금씩 낮아지고 있습니다. 음악 지식이 많지 않아도 쉽게 연주할 수 있는 가상 악기들이 늘어났고, 스마트폰의 등장하면서 연주나 작곡을 쉽게 도와주는 애플리케이션이 속속 나타나기 시작했습니다. 스마트폰 초창기에 아이팟터치, 아이폰을 통해 음악 연주가 가능한 애플리케이션이 쏟아져 나왔습니다. 반면 윈도우 모바일이나 안드로이드 등 다른 운영체제를 사용하는 스마트폰은 레이턴시(latency, 자극과 반응 사이의 시간)가 길어 터치했을 때 소리가 바로 나오지 않기에 실시간 연주가 힘들었습니다. 따라서 악기 애플리케이션은 아이폰과 같은 iOS의 점유율이 상당히 높았습니다.

그 정점은 2011년, iOS용 개러지밴드GarageBand 애플리케이션의 등장입니다. 이미 맥에서 사용할 수 있었던 개러지밴드(2004년 출시)를 아이폰과 아이패드에서 사용할 수 있게 되어 훨씬 간편하게 실제와 가까운 연주가 가능해졌습니다. 또한 컴퓨터 음악 소프트웨어(DAW, Digital Audio Workstation)로 활용할 수 있도록 개발되어 곡을 만들 수도 있게 되었습니다.

▲ 아이폰/아이패드용 개러지밴드

하지만 아이폰/아이패드용 개러지밴드는 악기를 연주하는 데 특화되어 있고 화면이 작은 편이어서 작곡, 편곡 작업은 맥용 개러지밴드를 이용하는 것이 수월합니다. 맥에서는 오래전부터 Logic Pro가 컴퓨터 음악 소프트웨어로 널리 사용되었는데, Logic Pro에서 동작하는 전문적인 기능들이 개러지밴드에도 점점 추가되면서 맥용 개러지밴드도 컴퓨터 음악 소프트웨어로 손색이 없는 수준에 이르게 되었습니다. 무료로 사용할 수 있으면서 이 정도 수준을 가진 음악 소프트웨어는 개러지밴드가 거의 유일하다고 할 수 있습니다.

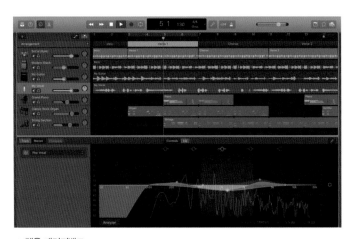

▲ 맥용 개러지밴드

개러지밴드는 아이폰, 아이패드를 활용하든, 아이맥, 맥북을 사용하든 작곡과 연주 모두 가능합니다. 다만 아이폰/아이패드용 개러지밴드는 연주하기가 편하고, 맥용 개러지밴드에서는 작곡과 편곡 작업이 좀 더 효과적입니다. 그러므로 이 책에서는 처음 작곡에 도전하는 입문자를 위하여 맥용 개러지밴드를 기반으로 간단한 배경음악 만들기에 도전해 보고, 이어서 아이폰/아이패드용 개러지밴드를 이용하여 직접 악기를 연주한 후, 작곡하는 고급 단계까지 순차적으로 진행할 계획입니다.

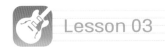

Lesson 03

개러지밴드 음원은
상업적으로 사용이 가능하다

어떤 작품이든 무에서 유를 창조하기란 쉽
지 않습니다. 백지 상태에서 하나의 음원을
만들기까지 모든 악기를 연주하여 곡을 만
드는 데는 큰 노력이 듭니다. 하지만 개러
지밴드는 음악을 쉽게 만들 수 있게 해 주는
애플리케이션이기에 이에 대한 대비책을 마
련해 두었습니다. 바로 애플 루프Apple Loops라
는 음악 샘플들을 제공하는 것이죠.

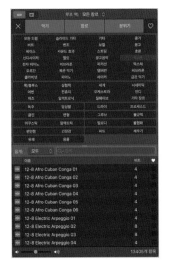

맥용 개러지밴드 애플 루프 창 ▶

상업적으로 사용할 수 있는 애플 루프

애플 루프는 이렇게 정의되어 있습니다.

> 프로젝트에 드럼 비트, 리듬 파트 및 기타 사운드를 쉽게 추가하기 위해 사용되는 미리 녹음된
> 루프 브라우저의 음악 구절(리프)입니다. 이 루프는 계속해서 반복될 수 있는 음악 패턴을 포함
> 하며, 어느 정도의 시간을 채울 수 있도록 확장할 수 있습니다.

이렇게 샘플로 활용할 수 있는 여러 루프를 서로 어울리게 조합하면 새로운 곡을 보다 쉽게 창작할 수 있습니다. 지난 Chapter에서 저작권에 대해 공부한 여러분이라면 이 시점에서 '애플 루프로 만든 음악은 저작권에 문제가 없는걸까?'라는 생각이 먼저 들 것입니다. 걱정하지 않아도 됩니다. 개러지밴드 사용권 계약에는 아래와 같이 명시되어 있습니다.

> 귀하는 Apple 소프트웨어에 포함되어 있거나 다른 방식으로 포함된 Apple 및 타사 오디오 루프 콘텐츠(오디오 콘텐츠)를 로얄티 없이 무료로 이용하여 작곡을 하거나 오디오 프로젝트를 생성할 수 있습니다. 귀하는 오디오 콘텐츠를 사용하여 생성된 귀하 자신의 작곡 또는 오디오 프로젝트를 방송 또는 배포할 수 있습니다. 그러나, 개별적인 샘플, 사운드 세트 또는 오디오 루프는 상업적으로 또는 달리 독립적인 방식으로 배포될 수 없을 뿐만 아니라, 일부이든 전부이든 상관없이 오디오 샘플, 사운드 라이브러리, 음향효과 또는 뮤직 베드beds로 재포장할 수도 없습니다.

위 사용권 계약을 간단히 정리해 보면, 개러지밴드에서 제공하는 루프를 이용하여 작곡한 곡을 상업적으로 사용할 수 있으나 독립적인 루프 자체를 다른 방식으로 배포할 수 없습니다. 쉽게 말해 무료로 제공되는 루프의 이름을 바꾸어 판매하는 등의 부당 이득 행위만 아니라면 자유롭게 사용할 수 있는 것입니다. 해당 정책에 대한 원문은 다음 도움말(https://support.apple.com/ko-kr/HT201808)에서 확인할 수 있습니다.

개러지밴드 이외의 다양한 작곡 프로그램 살펴보기

개러지밴드는 현존하는 최고의 무료 컴퓨터 음악 소프트웨어이지만 분명 한계가 있습니다. 좀 더 전문적으로 음악을 만들고 싶다면 개러지밴드보다 더많은 기능을 제공하는 유료 소프트웨어를 사용하는 것이 좋습니다. 여기서는음악가들이 널리 사용하는 유료 컴퓨터 음악 소프트웨어를 간단하게 살펴보겠습니다.

Logic Pro X

개러지밴드와 마찬가지로 애플에서 개발한 소프트웨어입니다. 같은 개발사인만큼 두 소프트웨어의 인터페이스가 유사하므로 함께 사용하기에도 좋습니다. 보다 정교한 음향 편집이나 믹싱, 마스터링을 원한다면 Logic Pro X 사용을 추천합니다.

- **가격:** ₩249,000
- **개발사:** 애플
- **웹사이트:** https://www.apple.com/kr/logic-pro/

FL Studio

초기에는 드럼 루프를 쉽게 제작할 수 있는 소프트웨어였으나 차츰 발전하여 컴퓨터 음악 소프트웨어의 모습을 갖추게 되었습니다. 아이폰과 안드로이드 스마트폰에서 사용할 수 있습니다.

- **가격:** 버전에 따라 $99, $199, $299, $899

- **개발사:** 이미지 라인

- **웹사이트:** https://www.image-line.com/flstudio/

Cubase

오랫동안 많은 음악가에게 사랑을 받은 컴퓨터 음악 소프트웨어인 Cubase 는 macOS보다는 윈도우 사용자에게 인기 있는 소프트웨어입니다. 하지만 macOS에서도 잘 구현되므로 Cubase를 오래 사용한 음악가는 새로운 소프트웨어로 바꾸지 못하고 그대로 사용하곤 합니다.

- **가격:** €99~€559

- **개발사:** 스테인버그

- **웹사이트:** https://new.steinberg.net/cubase/

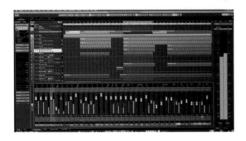

Pro Tools

Pro Tools는 전문 음악가들이 수준 높은 음향 결과를 내기 위해 믹싱과 마스
터링 등 후반 작업에 즐겨 사용했던 컴퓨터 음악 소프트웨어입니다. 구독 형
태로 구매할 수 있고, 사용하는 기간에 따라 가격이 달라집니다.

- **가격:** $8.25(학생 할인)~$79.99

- **개발사:** 아비드

- **웹사이트:** https://www.avid.com/pro-tools/

PART 2

누구나 따라 할 수 있는
배경음악 만들기

앞서 영상 편집에서 배경음악이 얼마나 중요한 위치를 차지하고 있는지 알아보고, 무료 음악 애플리케이션인 개러지밴드를 활용하여 나만의 배경음악을 만들 수 있다는 점을 소개했습니다. 이제부터 직접 따라 하면서 음악을 만들어 볼 차례입니다. 가장 쉬운 방법부터 점점 어렵고 복잡한 방법까지 순차적으로 구성되어 있습니다.

PART 2

누구나 따라 할 수 있는
배경음악 만들기

Chapter 03

개러지밴드 기본 화면부터
주요 기능까지

단언컨대 개러지밴드는 아이폰/아이패드와 맥에서 활용할 수 있는 최고의 무

료 컴퓨터 음악 소프트웨어(DAW, Digital Audio Workstation)입니다.

Lesson 01

개러지밴드의 화면 구성

이제 배경음악을 보다 손쉽게 제작할 수 있도록 돕는 대표적인 DAW인 개러지밴드의 기본 사용법을 알아보겠습니다.

▶ 개러지밴드 설치 및 프로젝트 선택 창 살펴보기

개러지밴드를 사용하려면 먼저 여러분의 맥 또는 아이폰/아이패드에 개러지밴드가 설치되어 있어야 합니다. 맥을 사용 중이라면 **[응용 프로그램]** 폴더에서 **[GarageBand]** 아이콘이 있는지 확인해 봅니다. 개러지밴드가 설치되어 있지 않다면 설치부터 진행해야겠죠? App Store에서 'garageband'로 검색합니다. 유사한 애플리케이션이나 강좌용 애플리케이션이 많이 검색되므로 이름이 정확히 'GarageBand'인 것을 찾아 설치합니다.

◀ App Store에서 'garageband' 검색 결과

한때 $4.99의 유료 애플리케이션이었던 개러지밴드는 이제 App Store 계정만 있다면 무료로 설치하여 사용할 수 있습니다.

설치가 끝났으면 바로 개러지밴드를 실행해 봅니다. 아이폰/아이패드용 개러지밴드의 사용 환경은 실제 아이폰/아이패드용 개러지밴드를 사용하는 PART 3에서 자세히 설명하겠습니다. 여기서는 맥용 개러지밴드를 기준으로 설명하겠습니다. 맥용 개러지밴드를 실행하면 먼저 프로젝트 선택 창이 열립니다. 여기서 어떤 프로젝트를 사용할지, 어떤 템플릿을 사용할지 선택할 수 있습니다.

▲ 맥용 개러지밴드의 프로젝트 선택 창

❶ **새로운 프로젝트:** 모든 트랙을 직접 추가하여 사용해야 하는 빈 프로젝트를 만들거나, 혹은 상황에 따라 주로 쓰이는 템플릿을 선택하여 프로젝트를 시작할 수 있습니다. 개러지밴드 음악은 주로 [**새로운 프로젝트**]에서 [**빈 프로젝트**]를 선택해서 시작합니다.

❷ **연주 방법 교육:** 이제 막 음악 혹은 개러지밴드를 시작하는 입문자를 위해 기타와 피아노 레슨을 진행할 수 있습니다. 실제 악기를 다룰 수 없거나 음악 기초가 부족하다고 생각된다면 한 번쯤 실행해 보기를 권장합니다.

❸ **레슨 스토어:** 연주 방법 교육을 추가로 다운로드할 수 있습니다. 특히 [**아티스트 레슨**] 메뉴에서는 유명한 뮤지션이 알려주는 레슨 영상을 확인할 수 있습니다. 무료임에도 이와 같은 다양한 서비스를 제공하는 개러지밴드는 분명 매력적인 도구입니다.

▶깨알Tip **트랙이란?** 대부분의 대중 음악에서는 두 가지 이상의 악기가 함께 연주되곤 합니다. 이렇게 동시에 연주되는 음악을 표현하려면 개러지밴드에서는 다수의 트랙(Track)을 배치하고, 배치한 트랙을 동시에 재생하는 방법을 사용합니다. 하나의 트랙에는 하나의 악기만 설정할 수 있기 때문입니다. 단, 다수의 트랙에 동일한 악기를 사용하는 것은 가능합니다.

▶ 트랙 유형 선택하기

프로젝트 선택 창에서 [빈 프로젝트]를 선택하고 아래의 [선택]을 클릭하면 다음으로 트랙 유형을 선택하여 본격적으로 프로젝트를 생성할 수 있습니다.

❶ **소프트웨어 악기:** USB로 연결할 수 있는 MIDI 마스터 키보드를 활용할 때 주로 사용합니다.

❷ **오디오:** 마이크 혹은 다른 라인 입력으로 기타나 베이스 등을 맥에 연결하여 녹음할 때 주로 사용합니다.

❸ **드러머:** 개러지밴드에서 제공하는 기본적인 드럼 연주를 기본으로 하여 음악을 만들 때 주로 사용합니다. 이후 실습에서 주로 사용할 메뉴입니다.

▶ 새로운 프로젝트 화면 살펴보기

다른 악기를 맥에 연결하여 활용하지 않는 한 최선의 방법은 트랙 유형으로 [드러머]를 선택하는 것입니다. 트랙 유형 선택 창에서 [드러머]를 선택한 후 [생성]을 클릭하면 다음과 같이 하나의 드러머 트랙이 포함된 프로젝트가 생성됩니다.

▲ 드러머 트랙이 기본으로 포함된 신규 프로젝트

지금까지는 다소 간단한 화면이라서 큰 어려움이 없었을 것입니다. 하지만 이제부터는 복잡해서 뭐가 뭔지 알기가 쉽지 않습니다. 기본적인 화면 구성과 기능에 대해서는 상단 메뉴 막대에서 [도움말 – GarageBand 빠른 도움말]을 선택하면 버튼이나 특정 영역에 마우스 포인터를 옮길 때 설명이 표시됩니다. 그러므로 개러지밴드에 익숙해지기 전까진 빠른 도움말 기능을 활성화해 놓고 사용하는 것이 좋습니다.

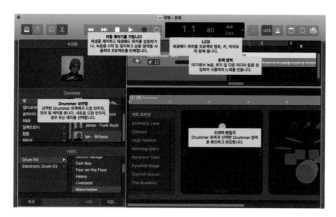

▲ 빠른 도움말이 표시된 화면

도구 막대 영역

프로젝트 화면 가장 상단에는 도구 막대 영역이 있으며 다양한 아이콘과 조절
바 등이 배치되어 있습니다. 도구 막대 영역에서 각 도구의 기능은 다음과 같
습니다.

먼저 도구 막대 영역 가장 왼쪽에는 화면 보기 옵션을 수정할 수 있는 4개의
버튼이 있습니다.

❶ **보관함 버튼(**Y**):** 음원, 드럼 종류 등을 선택하는 보관함을 열고 닫습니다.

❷ **빠른 도움말 버튼(**⇧**+**/**): [도움말 – GarageBand 빠른 도움말]** 메뉴와 유사한 기능
으로 전체 기능을 일괄 확인할 수 있습니다.

❸ **Smart Control 버튼(**B**):** 세부적으로 음향을 조정할 수 있는 패널을 열고 닫습니다.

❹ **편집기 버튼(**E**):** 특정 영역이나 사운드의 세세한 부분을 편집할 수 있는 패널을 열고
닫습니다.

> **▶ 깨알Tip** **맥 단축키 기호 파악하기**
> macOS를 사용한다면 애플리케이션 메뉴에 단축키가 기호로 표시될 때가 많습니다. 다음과 같은 단축
> 키 기호를 알아 놓으면 편리합니다. command(또는 cmd)는 ⌘, shift는 ⇧, option(또는 alt)은 ⌥,
> control(또는 ctrl)은 ⌃, caps lock은 ⇪입니다.

이어서 재생 설정을 위한 이동 버튼들이 배치되어 있습니다. 음악을 편집하면
서 자주 사용하므로 단축키까지 함께 외우는 것이 좋습니다. 단축키 , 와 .
으로 재생헤드(트랙 영역과 기타 시간 기반의 창에서 현재 재생 위치를 나타
내는 세로 선)를 앞뒤로 이동시키고, space bar 로 재생/중지, R 로 녹음 시작,
return 으로 녹음 중지 등의 단축키를 숙지하면 마우스를 이용하는 것보다 훨
씬 빠르게 작업을 진행할 수 있습니다.

① **되감기 버튼((,)):** 재생헤드를 1마디 전으로 이동합니다.

② **앞으로 버튼((.)):** 재생헤드를 1마디 후로 이동합니다.

③ **중단 버튼((space bar)) / 처음으로 이동 버튼((return)):** 재생 중에는 **[중단 버튼]**이, 중단 후에는 **[처음으로 이동 버튼]**이 활성화됩니다.

④ **재생 버튼((space bar)):** 재생을 시작합니다.

⑤ **녹음 버튼((R)):** 녹음을 시작합니다.

⑥ **순환 버튼((C)):** 순환 영역으로 지정한 부분만 반복적으로 재생합니다. 순환 영역은 아래와 같이 작업 공간에서 특정 영역을 노란색으로 나타냅니다. 순환 영역 좌우 끝을 드래그하여 영역을 좁히거나 넓힐 수 있으며, 영역 중간을 드래그하여 순환 영역의 위치를 조정할 수 있습니다.

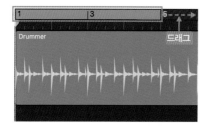

다음으로 숫자 등의 정보가 표시되는 창에서는 현재 재생헤드의 위치, 곡의 빠르기를 나타내는 템포, 박자, 조표 등의 정보를 알 수 있습니다. 템포는 BPM 값을 의미합니다. '4/4'로 표시된 박자는 한 마디에 4분음표가 4개인 비트로 구성되었다는 의미입니다. 3/4, 4/4, 6/8 등이 있습니다. 대체로 4/4 박자 곡이 많으며, 애플에서 제공하는 음악 샘플 루프도 4/4가 많습니다. 그러므로 가급적 박자를 바꾸지 않고 기본 상태로 사용하는 것을 추천합니다. 'C 장조'라고 표시되어 있는 조표는 PART 3에서 음악 이론과 함께 다룰 예정이므로 역시 기본 상태로 사용합니다.

🍊 오렌지노 특강 ──────────── BPM(Beats Per Minute)

BPM은 분당 비트 수를 의미합니다. 숫자가 클수록 템포가 빨라집니다.
'BPM 120, 4/4 박자'라면 1분이 지났을 때 몇 번째 마디까지 재생할까요? 1
분에 총 120개의 비트가 있고, 한 마디에 4개 비트가 들어가므로 120/4를
계산하면 30마디를 재생한 것입니다. 120마디까지 작업했다면 4분짜리 곡
이 완성되는 것이죠.

정보 표시 창 오른쪽 끝에는 펼침 아이콘(모드 팝업 메뉴 표시)이 있으며, 아
이콘을 클릭하면 보기 방법을 변경할 수 있습니다. 기본 설정은 [비트 및 프로
젝트]이며, 이를 [비트 및 시간]으로 변경하면 다음과 같이 비트와 함께 시간을
볼 수 있어 영상 편집 배경음악 작업을 할 때 편리합니다.

▶ 깨알Tip ▶ 완성한 영상에 맞는 배경음악을 제작한다면 해당 시간에 맞도록 곡을 만들 수 있기에 시간을
확인하면서 작업하는 것이 좋습니다.

끝으로 정보 표시 창 오른쪽에 있는 나머지 6개 버튼을 알아봅니다.

❶ **튜너 버튼:** 음 높낮이(Pitch)를 튜닝하는 데 사용합니다. 의도적으로 다른 느낌을 표현하기 위해 사용하기도 합니다.

❷ **카운트인 버튼(⇧+K):** 녹음 버튼을 눌렀을 때 바로 녹음이 시작되면 템포를 정확히 모른 상태로 박자에 맞게 연주하기 어렵습니다. 그러므로 녹음 전 가급적 **[카운트인 버튼]**을 활성화한 상태로 녹음을 시작하면 한 마디의 박자를 미리 카운트인해서 수월하게 녹음을 진행할 수 있습니다.

❸ **메트로놈 버튼(K):** 녹음 중 템포에 맞는 비트 소리를 들을 수 있습니다. 드럼 루프가 없는 상태로 녹음할 때 박자를 맞추기 유용한 기능입니다.

❹ **메모장 버튼(⌥+⌘+P):** 간단한 메모를 위한 기능으로 음악 작업 중 기억해야 하는 정보들을 적어 두기에 유용합니다. 필자는 코드나 가사를 적어 두는 용도로 활용합니다.

❺ **루프 브라우저 버튼(O):** 애플에서 제공하는 루프 브라우저를 열 수 있습니다. 루프 브라우저에 대한 자세한 사용 방법은 나중에 다룹니다.

❻ **미디어 브라우저 버튼(F):** 오디오나 동영상 미디어를 불러올 수 있는 브라우저를 열 수 있습니다.

트랙 헤더와 작업 공간

상단 도구 막대 영역에서 바로 아래쪽이 본격적인 음악 작업 공간입니다. 보관함이나 미디어 브라우저와 같은 추가 창이 열려 있지 않다면 다음과 같이 왼쪽의 트랙 헤더와 오른쪽의 작업 공간으로 구분됩니다. 트랙 헤더는 특정 트랙의 정보를 요약하여 보여줍니다. 기본적으로 트랙 헤더에서는 트랙 종류를 아이콘으로 보여주고, 음소거, 솔로 듣기, 볼륨, 스피커 좌우 밸런스 조절 등을 설정할 수 있습니다.

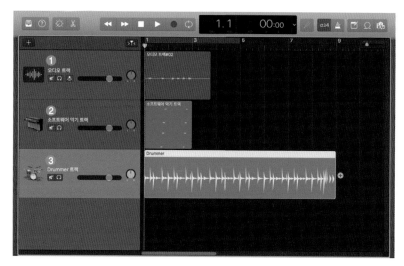

▲ 세 종류의 트랙

트랙 헤더에 표시되는 트랙은 크게 세 종류로 나눌 수 있습니다.

❶ **오디오 트랙:** 마이크, 악기 등으로 직접 녹음하여 입력하거나 오디오 소스를 담는 트랙입니다.

❷ **소프트웨어 악기 트랙:** MIDI 작업으로 직접 수정을 할 수 있는 트랙입니다.

❸ **드러머 트랙:** 드럼 루프를 자동으로 생성해 주는 트랙입니다.

위와 같이 각 영역은 색으로 구분할 수 있고, 편집 가능 범위가 다릅니다. 보통의 구성은 하나의 드러머 트랙으로 리듬을 잡고, 다양한 소프트웨어 악기 트랙으로 악기를 연주하며, 샘플링 오디오와 보컬 녹음 등으로 구성된 오디오 트랙을 추가합니다.

▲ 기본 구성

보관함

보관함은 트랙 영역의 왼쪽에 배치되며 도구 막대에서 [보관함 버튼]을 클릭하거나 단축키 Ⓨ를 눌러 활성화할 수 있습니다.

각 트랙의 음원 기초 정보를 보관함에서 선택할 수 있으며, 다음과 같이 트랙 종류에 따라 보관함에서 선택할 수 있는 항목이 달라집니다.

- **오디오 트랙:** 사운드 목적에 맞는 이펙트 등 설정에 대한 프리셋을 선택할 수 있습니다. 영상 멘트를 녹음할 땐 [Narration Vocal]을 선택하는 등 녹음의 목적에 가장 가까운 항목을 선택하면 내레이션에 최적화된 효과가 포함된 상태로 녹음할 수 있습니다.

- **소프트웨어 악기 트랙:** 악기를 선택할 수 있습니다. 꾸준한 업데이트로 좋은 악기들이 추가되고 있어 기본 악기로도 다양한 음악 작업이 가능해졌습니다.

- **드러머 트랙:** 드럼 루프의 장르와 프로 드러머를 선택하고, 이어서 사운드 항목에서 세부 카테고리를 선택할 수 있습니다.

Smart Control 영역

Smart Control 영역은 트랙 아래에 위치하며, 뒤에서 설명할 편집기 영역과 같은 위치에 배치됩니다. 그러므로 Smart Control과 편집기 영역은 동시에 확인할 수 없습니다.

음원에 대한 세부적인 편집이 가능한 영역으로 도구 막대에서 [Smart Control 버튼]을 클릭하거나 단축키 B를 눌러 활성화할 수 있습니다. 이 부분은 음향에 대한 보다 전문적인 영역으로, 작곡 고급 과정이라고 할 수 있습니다. 음향 지식이 없는 상태라면 기본 설정을 유지하기 바랍니다.

▲ 맥용 개러지밴드의 Smart Control 영역

편집기 영역

도구 막대에서 [편집기 버튼]을 클릭하거나 단축키 E를 눌러 활성화합니다. 트랙의 작업을 세부적으로 편집하는 영역으로 개러지밴드를 통한 곡 작업 중 많이 사용합니다. 트랙 종류에 따라 편집하는 방법이 다릅니다.

- **오디오 트랙:** 직접 녹음한 오디오 혹은 애플 루프에서 가져온 오디오를 세부적으로 편집합니다. 개러지밴드에서 오디오 편집 기능은 간단하게 구성되어 있습니다.

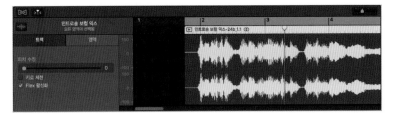

- **소프트웨어 악기 트랙:** 음을 직접 추가하고 편집하여 음악을 만들 수 있습니다. 개러지밴드로 작곡할 때 가장 많이 사용하는 편집 기능입니다.

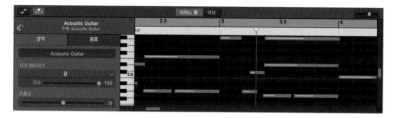

- **드러머 트랙:** 드럼 스타일을 세부적으로 조절할 수 있습니다.

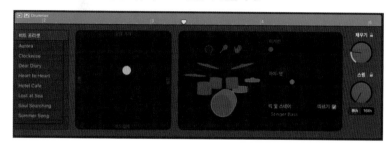

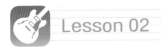

Lesson 02

맥용 개러지밴드의 주요 기능

작곡할 수 있는 무료 애플리케이션 중 개러지밴드가 최고일 수밖에 없는 이유가 있습니다. 바로 고가의 프로그램에서 이용할 수 있는 상당수의 기능을 포함하고 있기 때문이죠. 여기서는 개러지밴드의 주요 기능들을 간단하게 훑어보겠습니다.

▶ 마우스와 키보드로 연주하기

개러지밴드로 연주하는 기능은 아이폰/아이패드용 개러지밴드에서 최상의 작업 환경을 제공합니다. 아이폰과 아이패드는 터치 방식이라 실제 악기와 유사하게 화면을 터치하여 연주할 수 있기 때문입니다. 반면 맥용 개러지밴드에서는 화면 터치 입력을 할 수 없으므로 별도의 마스터 키보드(디지털 신호 입력이 가능한 건반) 등을 연결하여 연주하는 것이 일반적입니다.

Photo by Joshua Oluwagbemiga on Unsplash

▲ 음악 작업을 위해 연결한 마스터 키보드

▶️ 깨알Tip 아이폰/아이패드용 개러지밴드로 연주한 후 맥용 개러지밴드로 불러와서 편집하는 방법도 있습니다.

마스터 키보드와 같은 별도 디지털 악기가 없으면 맥에서는 개러지밴드 연주를 할 수 없을까요? 그렇지는 않습니다. 맥용 개러지밴드에서 '키보드 음표 연주' 기능을 활용해서 연주할 수 있습니다.

상단 메뉴 막대에서 [윈도우]를 선택한 후 [키보드 보기] 또는 [키보드로 음표 연주 보기]를 선택하면 다음과 같이 가상 키보드 창이 나타나며, 마우스를 이용하거나 키보드 자판을 이용하여 연주할 수 있습니다.

▲ 키보드 보기: 마우스로 연주

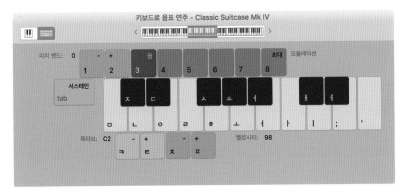

▲ 키보드로 음표 연주 보기: 키보드로 연주

하지만 실제 피아노를 연주했던 사람이라면 키보드나 마우스를 이용한 연주가 어색하고 어렵게 느껴질 것입니다. 오히려 편집기 영역에서 [피아노 롤]을 이용한 음표 생성이 더 익숙할 수 있습니다. 편집기 영역 사용이 익숙해진다면 음표 막대를 보고 어떤 음악이 될지 유추할 수 있게 됩니다.

▲ 편집기 영역의 피아노 롤

피아노 롤의 음표가 익숙하지 않다면 쉽게 볼 수 있는 악보를 이용하면 됩니다. 편집기 영역에서 생성한 음표들을 악보로 보려면 편집기 영역 상단에 있는 [악보]를 클릭합니다. 아래와 같이 음표가 악보로 표시됩니다.

▲ 편집기 영역의 악보 보기

▶ 루프 짜깁기

애플에서 무료로 제공하는 애플 루프Apple Loops를 적절히 배치하는 것만으로도 곡을 만들 수 있습니다. 이 방법이 나만의 곡을 만드는 가장 쉬운 방법이기에 이 책에서 제일 먼저 배울 수 있습니다.

▲ 애플 루프 목록을 확인할 수 있는 루프 브라우저

▶ 녹음하기

기타를 연결하여 연주를 녹음하거나, 마이크를 연결하여 보컬 녹음을 할 수 있습니다. 꼭 배경음악을 위한 작업이 아니라 영상에 들어가는 멘트를 녹음하는 작업에도 개러지밴드를 활용할 수 있는 것이지요.

보컬 녹음 기능은 [트랙 추가 버튼](⌥+⌘+N)을 클릭한 후 트랙 유형 선택 창에서 [오디오(마이크나 라인 입력)]를 더블 클릭해 트랙을 추가한 후 녹음을 시작하면 됩니다.

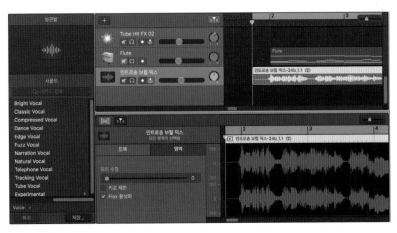

▲ 보컬 녹음

▶ 믹싱

녹음 및 곡 작업을 마치면 마무리 단계에서 곡의 완성도를 높이기 위해 트랙별 볼륨과 좌우 밸런스 등을 조절하며 전체적인 조화를 잡는 믹싱 과정을 거칩니다. 개러지밴드에서는 어느 정도 믹싱 작업을 진행할 수 있습니다(믹싱 관련 내용은 96쪽을 참고하세요).

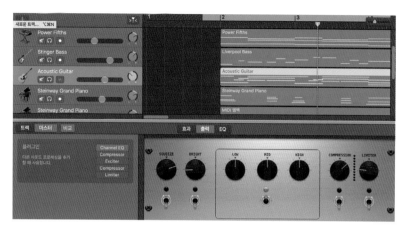

▲ 좌우 밸런스 조절 등의 믹싱 작업

이상으로 개러지밴드의 주요 기능 네 가지를 살펴봤습니다. 여기서 소개한 기능은 개러지밴드의 여러 기능 중 일부입니다. 더 많은 기능이 있기에 이어지는 다양한 설명을 잘 참고하면 좀 더 수월하게 원하는 곡을 만들 수 있을 것입니다.

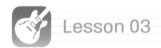

Lesson 03

작업 과정에 따른
개러지밴드 사용 환경 선택

맥용과 아이패드/아이폰용 개러지밴드는 제법 많은 차이가 있습니다. 기본적으로 터치를 이용한 제어 여부가 가장 큰 차이일 것입니다. 아이폰, 아이패드는 화면을 터치하여 실제 악기와 비슷하게 연주하거나 기능을 제어할 수 있다는 것이 가장 큰 장점이라고 할 수 있습니다. 다만 트랙 편집을 하기에는 화면이 다소 작습니다. 역시 편집에는 맥용 개러지밴드가 유리하죠. 환경에 따라 장단점은 있지만 어느 버전이든 독립적으로 곡을 만드는 데 활용할 수는 있습니다.

여기서는 맥용과 아이패드/아이폰용 개러지밴드의 연주 화면과 트랙 편집 화면의 차이를 비교해 보겠습니다.

▶ 악기 연주에 특화된 아이폰/아이패드용 개러지밴드

아이폰/아이패드용 개러지밴드는 악기 특성을 잘 살려 손쉽게 연주하는 데 특화되어 있다고 해도 과언이 아닙니다. 아이폰/아이패드용 개러지밴드를 실행하면 나오는 악기 선택 화면에서 키보드, 드럼, 기타, 베이스, 세계 악기 등을 선택하고, 선택한 악기에 따라 하위 분류를 다시 선택할 수 있습니다. 또한 선택한 악기의 종류에 따라 다양한 방식으로 연주할 수 있습니다.

▲ 아이폰용 개러지밴드 시작 화면인 악기 선택 화면

- **키보드 연주:** 키보드와 같은 건반 악기는 아이폰에서 연주하기에 간격이 좁아 어려울 수 있습니다. 그러므로 아이패드에서 연주하는 것이 좀 더 수월합니다.

▲ 키보드를 선택했을 때 연주 화면

- **드럼 연주:** 드럼 연주 화면은 마치 스스로가 드럼 앞에 앉아 있고 눈앞에 드럼 세트가 있는 것처럼 느껴집니다. 그래서 드럼 연주 경험이 있는 사용자라면 터치 감각만 익힌 후 금세 익숙하게 연주할 것입니다.

▲ 드럼(Drums)을 선택했을 때 연주 화면

- **스마트 연주:** 상위 악기 종류를 선택한 후 하단에 보면 Smart라고 표현된 스마트 악기를 선택해서 연주할 수 있습니다. 실제 악기보다 더 쉽게 연주할 수 있게 해 주는 기능입니다. 자주 쓰는 코드를 설정하여 연주하는 기능, 박자에 맞게 자동으로 연주해 주는 기능 등이 있어 편리합니다.

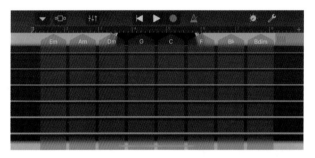

▲ 스마트 기타(Smart Guitar)를 선택했을 때 연주 화면

▶ 트랙 편집에 효과적인 맥용 개러지밴드

맥용 개러지밴드는 화면 터치 기반이 아니기에 아이폰/아이패드용과 같이 쉽게 연주할 수는 없습니다. 하지만 사용하는 모니터에 따라 화면을 넓게 쓸 수 있습니다. 그러므로 한눈에 많은 정보를 확인하며 편집 작업을 하기에 편리합니다. 아이폰이나 아이패드와 같은 터치 기반의 기기로 연주하여 녹음한 결과를

맥에서 불러와 편집을 진행하는 것이 가장 이상적인 작업 형태가 될 것입니다.

▲ 넓은 화면으로 작업할 수 있는 맥용 개러지밴드

참고로 아래 이미지는 아이폰용 개러지밴드의 트랙 편집 화면입니다. 사용 방법은 맥용 개러지밴드와 유사하지만 화면 크기 차이로 한 번에 볼 수 있는 정보가 한정적입니다. 작은 화면에 최적화된 인터페이스이기 때문에 같은 작업을 하더라도 더 많은 동작이 필요합니다. 하지만 차근히 작업하면 아이폰으로도 충분히 편집할 수는 있습니다.

▲ 아이폰용 개러지밴드의 트랙 편집 화면

Lesson 04

악기 종류에 따른 특성과
개러지밴드의 다양한 악기

실제 악기를 연주하는 방법은 몰라도 그 특성은 제대로 알고 있어야만 이후 개러지밴드를 이용하여 음악을 조화롭게 구성할 수 있습니다. 따라서 작곡을 하겠다고 마음을 먹었다면 악기에 대해 기본적인 이해는 하고 넘어가는 것이 좋습니다. 일반적으로 악기는 연주하는 방법에 따라 현악기, 관악기, 타악기 등으로 구분합니다.

▶ 악기의 종류

앞서 이야기한 것처럼 악기는 연주하는 방법에 따라 구분할 수 있는데 기타, 베이스, 바이올린과 같이 줄을 퉁기거나 켜는 현악기, 색소폰이나 트럼펫과 같이 입으로 불어서 소리를 내는 관악기, 드럼과 같이 두드려서 소리를 내는 타악기가 있습니다.

그렇다면 우리가 가장 잘 알고 있는 피아노는 현악기, 관악기, 타악기 중 어디에 속할까요? 피아노는 건반을 누르면 해머가 줄을 쳐서 소리를 내는 방식이기에 현악기와 타악기에 모두 해당할 수 있습니다. 그래서 편의상 건반악기는 별도의 종류로 구분하는 것이 일반적입니다.

🍎 오렌지노 특강 ━━━━━━━━━━━ **악기 분류법에 대한 논란**

피아노의 경우처럼 전통적인 악기 분류인 현악기, 관악기, 타악기는 명확한 악기 분류의 기준이 될 수 없습니다. 현악기와 관악기는 줄과 관이라는 악기 형태에 따른 구분이지만 타악기는 연주 방식에 따른 구분이기 때문입니다. 피아노뿐 아니라 파이프 오르간, 신디사이저 등을 구분하기에도 어려운 기준이 되기에 전통적인 악기 분류는 그저 편의적인 구분이라고 이해하면 됩니다.

▶ 현악기

줄(絃)을 사용하여 소리를 내는 악기를 통칭 현악기라고 합니다. 현의 굵기와 길이에 따라 진동 수가 서로 다르다는 원리를 이용하여 연주하는 방식입니다. 고전적인 현악기는 콘트라베이스, 첼로, 비올라, 바이올린 등으로 활로 컨다는 공통점이 있습니다. 하지만 현대적인 현악기는 기타와 베이스 기타가 주를 이루며, 활로 켜지 않습니다.

기타

기타Guitar는 굵기가 서로 다른 6개의 선이 차례로 위치하고 있으며, 굵은 현은 더 낮은 소리를 냅니다. 또한 프렛이라는 구분선으로 반음의 차이가 나도록 구성되어 있어 연주하고자 하는 위치를 손으로 누른 채 줄을 튕기면 해당하는 음이 연주되는 방식입니다.

아이폰용 개러지밴드에서 위와 같이 악기 종류를 [기타]로 선택한 후 각각 CHORDS와 NOTES 두 종류의 연주 화면을 이용할 수 있습니다. NOTES 연주 화면을 이용하면 실제 기타와 비슷하게 연주할 수 있습니다. 단, 실제 기타에서는 음을 누르고 다른 손으로 줄을 튕겨야 소리가 나지만 개러지밴드 기타에서는 음을 누르는 것만으로 소리가 납니다.

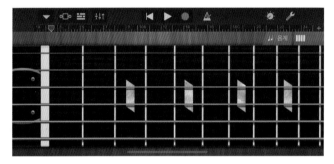

▲ 기타에서 NOTES 연주 화면

▶ 깨알Tip 아이폰에서는 화면 오른쪽 위에 있는 █아이콘을 터치하며 NOTES와 CHORDS 연주 화면을 전환할 수 있습니다.

오케스트라 현악기

바이올린, 첼로와 같이 오케스트라에서 사용하는 현악기 역시 NOTES 연주 화면에서 실제와 비슷하게 연주할 수 있습니다. 음 구분을 위한 프렛이 없고 연주용 활 대신 줄을 밀고 당기며 소리를 내는 방식이라는 차이가 있지만 현의 원리는 같습니다.

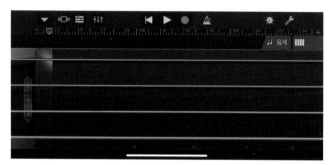

▲ 스트링에서 NOTES 연주 화면

▶️ 깨알Tip 아이폰/아이패드용 개러지밴드에서 기타, 베이스, 스트링(현악기)의 [NOTES] 모드 즉, NOTES 연주 화면은 실제 악기를 연주할 수 있는 사람에게 적절한 모드입니다. 그러므로 처음 해당 악기를 접한 사용자라면 충분한 연습 없이 사용하기란 거의 불가능할 것입니다. 하지만 걱정할 필요는 없습니다. 실제 현악기 연주 경험이 없는 사용자를 위해 쉽게 연주하는 기능도 있기 때문입니다. 이는 221쪽에서 자세하게 다룹니다.

▶️ 관악기

어린 시절 한 번쯤 사용해 본 리코더를 기억하시나요? 리코더처럼 입으로 불어서 소리를 내는 것이 관악기입니다. 관악기는 리코더처럼 손으로 여러 개의 구멍을 막는 조합으로 다른 음을 내는 방식, 색소폰처럼 버튼과 같이 생긴 밸브를 눌러서 막는 방식, 트롬본처럼 슬라이드를 밀고 당기며 그 길이에 따라 다른 음이 연주되는 방식 등이 있습니다. 관악기는 목관악기와 금관악기로 구분되지만 이는 과거 유럽에서 구분한 기준으로, 현대에는 적용하기 어려운 상황이 많습니다.

아이폰/아이패드용 개러지밴드라고 하더라도 실제 관악기처럼 연주하기는 쉽지 않습니다. 관악기는 건반을 눌러 연주하는 방식으로 구성되어 있으며, 플룻, 클라리넷, 오보에, 바순, 호른 그리고 관악기들의 조화인 브라스 앙상블을 선택해서 연주할 수 있습니다.

▲ 선택할 수 있는 다양한 관악기의 종류

▶ 타악기

우리나라의 장구나 꽹과리와 같이 세계 여러 나라에서 전통 타악기가 있으며, 현대에는 드럼이 가장 대표적인 타악기입니다. 드럼은 북과 심벌즈로 이루어진 세트로 전용 스틱을 손으로 잡고 내려치는 방식으로 소리를 냅니다. 타악기는 리듬을 이끌어 가는 역할을 하기 때문에 주로 박자 감각이 좋은 사람이 연주합니다.

아이폰/아이패드용 개러지밴드에서 [드럼]을 선택하면 다양한 형태의 인터페이스를 선택해서 사용할 수 있습니다. 그중 [어쿠스틱 드럼]은 실제 드럼 연주와 흡사한 모습으로 연주할 수 있습니다. 이렇게 잘 구현되어 있는 까닭에 개러지밴드에서 드럼 연주를 하면 흡사 게임을 즐기는 것과 같은 재미를 느낄수도 있습니다.

▲ 어쿠스틱 기타의 연주 화면

▶ 건반악기(키보드)

비교적 직관적인 연주가 가능한 형태인 피아노는 흰 건반과 검은 건반의 위치에 따라 지정된 음의 소리를 내는 대표적인 건반악기입니다. '피아노포르테Pianoforte'의 준말인 피아노는 건반을 누를 때 내부의 현을 해머로 때리는 방식으로 소리를 냅니다. 클래식과 현대 음악 전반에 걸쳐 두루 사용되는 대표적인 악기입니다. 피아노 이외에 오르간, 하프시코드 등이 건반악기에 해당합니다.

아이폰용 개러지밴드에서는 건반 화면을 그대로 재현하였는데, 화면 크기가 작은 아이폰에서는 건반 사이 간격이 좁아 연주하기 다소 불편할 수 있습니다. 상대적으로 화면이 큰 아이패드라면 비교적 연주하기 편하지만 복잡한 연주를 하기엔 여전히 쉽지 않습니다. 이럴 때 악기 선택 화면에서 [피아노 - Smart Piano]를 선택하거나 피아노 연주 화면 오른쪽 위에 있는 █ 아이콘을 터치하여 Smart Piano 모드로 변경하면 간단하게 코드 연주를 할 수 있습니다.

▲ 일반 연주 화면

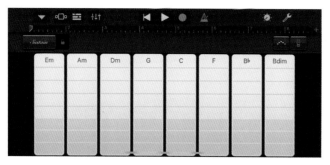

▲ Smart Piano 연주 화면

▶ 전자악기

피아노의 건반은 그대로 재현한 채, 미리 녹음된 소리를 출력하는 방식의 신디사이저와 같은 전자악기는 오늘날 활용도가 높은 악기입니다. 미리 녹음된 소리를 연주하므로 거의 모든 악기를 건반으로 편하게 연주할 수 있다는 장점이 있으며, 악기의 소리를 세밀하게 조절할 수 있는 기능도 포함되어 있어 다양한 소리를 재현할 수 있습니다.

아이폰/아이패드용 개러지밴드에서 키보드에 내장된 음원은 수백 가지이며, 꾸준히 추가되고 있습니다. 악기 선택 화면에서 [키보드 – Alchemy 신디사이저]를 선택해서 사용할 수 있습니다.

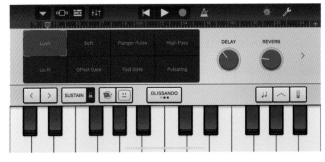

▲ Alchemy 신디사이저 연주 화면

Alchemy 신디사이저와 같은 건반 형태뿐 아니라 전자기타, 전자드럼 등 다양한 악기에 적용되어 유사한 연주 방법을 유지하면서 녹음된 소리를 출력하는 모든 형태가 전자악기에 해당됩니다.

▶ 그 밖의 악기들

아이폰/아이패드용 개러지밴드의 세계 악기 패키지에는 아시아에서 주로 사용하는 비파, 이호(해금과 유사), 코토, 고쟁 등이 있습니다. 이런 악기는 동양 전통 음악 느낌의 작곡에 활용할 수 있습니다. 전통 악기 및 악기 추가 방법은 이후 243쪽에서 다시 소개하겠습니다.

▲ 다양한 동양의 전통 악기

Chapter 04

샘플링
섞어보기

개러지밴드에 제공되는 수천 개의 애플 루프를 적절하게 조합하는 것만으로
좋은 배경음악을 만들 수 있습니다. 이번 Chapter에서는 맥용 개러지밴드를
기준으로 서로 다른 루프들을 조화롭게 섞어 분위기에 맞는 배경음악을 만들
어 보겠습니다.

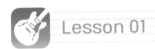

Lesson 01

루프 브라우저의 활용

영상 콘텐츠 배경으로 쓸 만한 그럴싸한 음악을 만드는 가장 간단한 방법은 루프 샘플링Loop Sampling입니다. 전자음악에서는 특정 샘플을 반복해서 사용하는 것이 매우 일반적인데 이 단위를 보통 루프Loop라고 합니다. 개러지밴드가 제공하는 애플 루프Apple Loops를 활용하여 음악적 감각 없이도 쉽게 음원을 만들 수 있는 방법을 알아봅니다.

▶ 애플 루프와 루프 브라우저

도구 막대 오른쪽에 아래와 같이 루프 브라우저를 열 수 있는 🔾 버튼이 있습니다.

▲ 루프 브라우저 버튼

▶깨알Tip 키보드 입력 상태가 영문 입력 상태일 때는 단축키 ⒪만 눌러서 루프 브라우저를 열 수 있습니다. 하지만 한글 입력 상태일 때는 ⌥+⒪를 눌러야 루프 브라우저가 열립니다.

도구 막대에서 [루프 브라우저 버튼]을 클릭해서 활성화하면 아래와 같이 루프 브라우저가 열립니다. 루프 브라우저 상단 왼쪽에는 해당 루프를 정의할 수 있는 키워드를 카테고리별로 찾을 수 있는 버튼 보기 모드와 애플 Finder 와 같이 탐색 영역을 이용하여 찾을 수 있는 열 보기 모드 중 선택할 수 있는  버튼이 배치되어 있습니다. 각 버튼을 클릭하여 편한 방식으로 원하는 루프를 찾을 수 있습니다.

▲ 루프 브라우저

보기 모드를 선택한 후에는 루프 브라우저 상단 중앙에서 루프 팩을 선택할 수 있습니다. 기본 값인 [모든 장르]로 설정된 상태에서 사용해도 무방하며, 클릭한 후 원하는 장르를 선택하여 사용할 수도 있습니다. 루프 팩 옵션에서 상위 개념의 장르를 선택한 후 아래에 배치되어 있는 카테고리 선택 버튼을 이용해 세부 장르까지 선택할 수 있습니다.

▶ 버튼 보기 모드의 루프 브라우저

버튼 보기 모드에서 상세 검색 영역을 보면 [악기], [장르], [설명] 세 가지 카테고리 버튼을 클릭해서 선택할 수 있으며, 각 카테고리에서 키워드를 선택해서 원하는 루프를 찾을 수 있습니다. 선택한 키워드는 각 버튼 아래에 표시되므로 여러 루프를 믹싱하여 조합할 때 버튼 보기 모드가 좀 더 용이합니다.

▲ 버튼 보기의 키워드 조합

① **악기:** 드럼, 피아노, 기타, 스트링 등 악기별로 나누어 찾을 수 있습니다.

② **장르:** 록/블루스, 일렉트로닉 등 장르별로 나누어 찾을 수 있습니다.

③ **설명:** '독주 : 앙상블', '드라이 : 프로세스드' 등 대비되는 루프 스타일로 나누어 찾을 수 있습니다.

키워드는 중복 적용이 가능하므로 서로 어울리는 루프를 찾기 용이합니다. 위 화면의 경우 악기는 [모든 드럼], 장르는 [힙합/R&B], 설명은 [프로세스드], [그루브], [어쿠스틱]을 모두 충족하는 조건으로 필터링한 상태입니다. 조건으로 지정한 항목 중 일부를 취소할 때는 해당 키워드를 다시 한번 클릭해서 선택을 해제할 수 있고, 모든 조건을 취소할 때는 카테고리 선택 버튼 왼쪽에 있는 [X] 버튼을 클릭하면 됩니다.

▶ 열 보기 모드의 루프 브라우저

열 보기 모드에서는 분위기, 악기, 장르로 구분되는 카테고리 안에서 찾을 수 있습니다. 버튼 보기 모드의 키워드와는 일부 다른 종류로 묶여 있으며 공상과학, 광고음악 등의 카테고리를 선택해서 보다 구체적인 쓰임에 따른 루프를 찾는 데 활용할 수 있습니다.

▲ 열 보기의 루프 팩

▶ 검색된 루프 결과 목록

이렇게 필터링한 조건에 맞는 결과는 하단의 결과 목록에 노출됩니다. 또한 결과 목록 상단에 있는 검색 필드에서 음계에 따라, 혹은 키워드에 따라 별도 검색도 가능합니다.

▲ 결과 목록

검색된 루프 목록에서 하나를 선택해 클릭하면 자동으로 미리듣기가 실행되며, 결과 목록 하단에 있는 [미리듣기] 🔊 아이콘을 클릭해서 미리듣기를 정지하거나 다시 재생할 수 있습니다. 또한 [미리듣기] 아이콘 오른쪽에 있는 음량 슬라이더를 좌우로 조절하여 볼륨도 조절할 수 있습니다. 프로젝트 영역에서 샘플링하기 전에 조화로운 루프를 찾기 위한 용도로 사용합니다.

▶ 깨알Tip 음계(Scale)는 장조, 단조와 같이 주로 쓰이는 음들의 집합을 의미하며 주로 'C Major Key(다장조)'와 같이 표기합니다. 뒤에서 자세히 다루겠습니다.

원하는 키워드 혹은 카테고리에 따라 필터링한 루프 목록 중 아래와 같이 회색으로 표시되는 루프가 있습니다. 이는 추가로 다운로드가 필요하다는 의미이므로, 루프 이름 오른쪽에 표시된 ⊙ 아이콘을 클릭하여 다운로드한 후 사용하면 됩니다.

각 악기, 장르 등의 카테고리를 골라 다양한 루프를 들어 보면 그 특성을 이해하기 쉬워집니다. 디자인 감각도 다양한 작품을 많이 볼수록 좋아진다고 합니다. 음악에 대한 감각도 마찬가지입니다. 그러므로 많은 샘플을 들어 볼수록 더 좋은 결과를 얻을 가능성이 높아질 것입니다. 샘플링 섞어보기에 활용할 루프를 선택하기 전에 가능한 한 다양한 루프를 들어 볼 것을 추천합니다. 나중에 좀 더 다양한 작곡을 위한 감각을 쌓기 위해 다양한 장르의 곡들을 최대한 많이 들어 보세요.

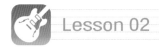

애플 루프의 종류와 BPM 이해하기

원하는 조건으로 루프를 필터링한 후 결과 목록을 보면 가장 왼쪽에 파란색,

녹색, 노란색 세 종류로 구분된 아이콘이 있고, 이어서 루프 이름, 비트가 표

시된 것을 확인할 수 있습니다. 특히 비트를 보면 4, 8, 16, 32 등의 정수로

표시된 것과 00:03과 같이 시간으로 표시된 것이 있습니다. 이것들의 의미와

차이점은 무엇일까요?

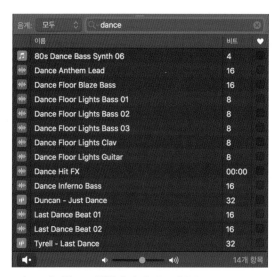

▲ 'dance' 키워드로 검색할 때 나오는 루프의 종류

▶ 애플 루프의 종류

지난 Lesson에서 개러지밴드의 애플 루프에 대해 간단하게 다뤄 봤습니다. 여기서는 애플 루프의 세 가지 종류에 대해 좀 더 자세하게 살펴보겠습니다.

소프트웨어 악기 루프

소프트웨어 악기 루프는 이름 왼쪽에 초록색 아이콘(🎵)으로 표시되어 있으며, 편집이 가능한 루프입니다. 컴퓨터 음악을 한 경험이 있는 분이라면 MIDI 작업을 하면서 해 왔던 편집 작업과 꽤나 비슷하기 때문에 소프트웨어 악기 루프를 자유롭게 편집하여 사용할 수 있을 것입니다.

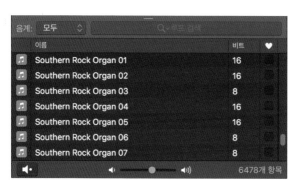

▲ 소프트웨어 악기 루프

사용된 악기의 사운드를 변경하거나 음을 세부적으로 수정할 수도 있으므로 좀 더 자신만의 스타일로 편집하기에 유용한 루프입니다.

▶깨알Tip **MIDI란?** MIDI(Musical Instrument Digital Interface)란 컴퓨터로 음악을 만들 때 디지털 신호를 주고받기 위한 규약입니다. '어떤 특정 음을 어떤 세기와 길이로 연주한다.' 등의 정보로 기록되는 방식입니다. 작곡, 편곡을 위한 음악 프로그램인 DAW(Digital Audio Workstation)는 이 표준에 따라 제작할 수 있습니다.

드럼 루프

드럼Drummer 루프는 루프 목록에서 노란색 아이콘(◉)으로 구분되어 있습니다.
인상적인 드럼 루프를 찾았다면 그대로 가져다 사용할 수도 있지만 이 또한
세부적으로 수정하여 사용할 수 있는 루프입니다.

▲ 드럼 루프

소프트웨어 악기 루프와 마찬가지로 드럼 루프도 사운드나 세부 편집이 가능
합니다. 다만 개러지밴드는 추후 자세히 설명할 비트 프리셋인 드러머 트랙을
추가하여 좋은 드럼 라인을 따기에 효과적인 환경입니다. 그러므로 드럼 루프
는 상대적으로 덜 유용한 루프라고 할 수도 있습니다. 다양한 루프를 들어 보
며 일반적인 드럼 라인을 이해하기 위한 샘플로 활용하는 것이 더 좋습니다.

오디오 루프

오디오 루프는 파란색 아이콘(◉)으로 구분되어 있으며, 녹음되어 세부적인
편집이 불가능한 루프입니다. 그러므로 오디오 루프는 소프트웨어 악기 루프
와 드럼 루프에 비해 제약이 많습니다. MIDI 정보가 아닌 녹음된 음원으로

구성되어 있으므로 프로젝트에 넣을 때 소프트웨어 악기 트랙에 넣을 수 없고
오디오 트랙에만 넣을 수 있습니다.

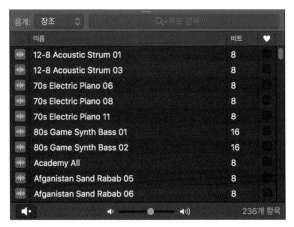

▲ 오디오 루프

이러한 오디오 루프는 다시 두 종류로 구분할 수 있습니다. 비트가 8, 16과 같
이 정수로 표시되어 있으며, BPM에 맞게 빠르기가 수정된 채로 넣을 수 있는
것이 있고, 비트가 00:03과 같이 시간으로 기록되어 빠르기 수정이 불가한 루
프가 있습니다. 후자는 주로 효과음과 같이 곡의 빠르기에 큰 영향을 주지 않
는 루프가 많습니다.

▶ BPM은 무엇인가?

그렇다면 BPM^{Beats Per Minute}은 무엇일까요?

▲ 템포에 표시되는 BPM

도구 막대 가운데 부분을 살펴보면 위와 같이 마디, 비트, 템포, 박자표가 표시되는 정보 창이 있습니다. 여기서 템포가 바로 BPM을 표시하는 숫자이며, 1분에 몇 개의 비트로 구성된 빠르기인지 의미합니다. 숫자가 클수록 빠른 비트입니다. BPM은 최소 5, 최대 990까지 수정할 수 있으므로 음악을 만들기에 앞서 의도한 분위기에 맞는 BPM을 설정하는 것이 좋습니다.

드럼을 배운 경험이 있나요? 드럼 연주자는 라이브 공연을 할 때 동일한 BPM으로 연주할 수 있어야 하기에 메트로놈을 특정 BPM으로 틀어 놓고 연습용 패드를 수없이 치며 그 감각을 익히는 훈련을 합니다. 이 훈련이 잘되어 있으면 음악을 듣고 몇 BPM인지 바로 파악할 수 있습니다.

▶ **깨알Tip** ▶ **메트로놈이란?** 메트로놈은 특정 BPM을 선택하면 해당하는 빠르기로 소리를 들려 주는 도구입니다. 드럼뿐 아니라 피아노 등 다양한 악기를 연습할 때 특정 BPM에 맞게 연주할 수 있도록 사용합니다.

개러지밴드에서 BPM을 수정하는 방법

정보 창 내 템포 영역에서 BPM 숫자를 클릭한 채 위아래로 드래그하면 숫자가 변합니다. 혹은 숫자를 더블 클릭하여 직접 원하는 수치를 입력할 수도 있습니다.

영상 전체에 들어가는 배경음악을 넣는다고 가정해 봅시다. 3분짜리 영상이고, 여기에 적합한 음악을 완성했더니 2분 45초라고 하면 어떻게 해야 할까요? 이를 해결하기 위해 15초의 음악을 추가로 만들어도 되지만, BPM을 조금씩 느리게 수정하며 전체 재생 시간을 늘리는 방법도 있습니다. 하지만 BPM은 음악의 전반적인 분위기에 영향을 주기에 이를 해치지 않는 선에서 조절하는 것이 좋습니다.

오렌지노 특강 **아이폰/아이패드용 개러지밴드로 BPM 쉽게 파악하기**

곡을 쓸 때는 특정 곡을 레퍼런스로 삼아 같은 BPM으로 만들 수 있습니다. 이때는 아이폰이나 아이패드의 개러지밴드를 활용하여 쉽게 BPM을 파악할 수 있습니다. 흔히 음악가들은 'BPM을 딴다'라고 표현합니다. 템포 영역을 일정 박자로 계속 터치하면 그 평균 값을 BPM으로 나타내 줍니다. 따라서 같은 BPM으로 만들고 싶은 곡을 틀어 놓고 그 박자에 맞게 템포를 계속 터치하면 그 곡과 같은 BPM을 찾을 수 있게 됩니다.

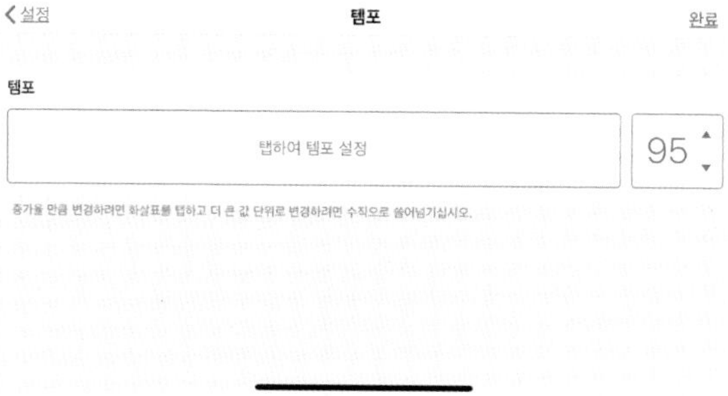

설정
템포
완료
템포
탭하여 템포 설정
95
증가율 만큼 변경하려면 화살표를 탭하고 더 큰 값 단위로 변경하려면 수직으로 쓸어넘기십시오.

▲ 아이폰용 개러지밴드의 템포 영역

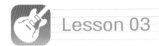

Lesson 03

루프 믹싱

이번에는 루프 브라우저에서 어울리는 루프들을 조합하여 곡을 만들어 보겠습니다. 이러한 루프 믹싱 작업은 사용할 루프를 선택해서 배치하면 되는 간단한 작업입니다. 즉, 과정 자체는 어렵지 않습니다. 하지만 두 개 이상의 서로 다른 루프를 동시에 재생할 때 루프끼리 잘 어울리는지 판단할 수 있는 감각이 필요합니다.

지금까지 음악을 즐겨 들으면서 쌓은 경험적인 감각을 잘 발휘한다면 음악적인 지식이 다소 부족하더라도 곡 작업을 시작해 볼 수 있을 것입니다.

▶ 기본 정보 설정

기본적인 곡 설정에는 템포, 박자, 조성 등이 있습니다. 이는 곡 작업 후 수정할 수 있지만 의도에 맞게 먼저 설정한 후 작업하는 것이 일반적입니다.

먼저 템포BPM를 설정합니다. 1초에 '똑', '딱' 2회 움직이는 추가 있다고 가정하면 그 비트는 BPM 120으로 표현할 수 있습니다. 1분, 즉 60초에 총 120개의 비트가 있기 때문입니다. 우리에게 익숙한 BPM을 기준으로 더 빠른 곡을 원하면 템포의 숫자를 높게, 더 느린 곡을 원하면 템포의 숫자를 낮게 설정하면 됩니다. 메트로놈이나 드럼 루프를 잘 들어 보며 원하는 템포를 찾을 수 있을 것입니다.

01 원하는 템포를 찾기 위해 Drummer 영역을 추가한 뒤 순환 영역으로 지정하여 템포를 맞춰 보겠습니다. 가장 먼저 새로운 프로젝트를 시작하기 위해 맥에서 개러지밴드를 실행한 후 메뉴에서 [파일 – 신규]를 선택합니다. 프로젝트 선택 창이 열리면 [새로운 프로젝트]에서 [빈 프로젝트]를 더블 클릭합니다.

02 트랙 유형 선택 창이 열리면 [드러머]를 더블 클릭합니다.

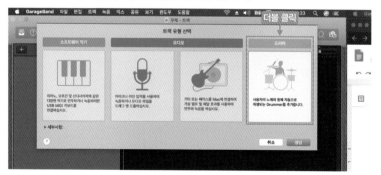

03 아래와 같이 8마디의 드럼 루프가 포함된 새 프로젝트가 생성됩니다.

▶깨알Tip 새 프로젝트를 열었을 때 선택되는 Drummer와 비트 프리셋은 다를 수 있습니다.

04 트랙 헤더 오른쪽 작업 공간에서 상단 순환 영역을 1마디부터 8마디까지 드래그하여
순환될 수 있도록 지정합니다. 지정된 순환 영역은 노란색으로 표시됩니다.

05 이제 도구 막대에서 [재생 버튼]을 클릭하거나 space bar를 누릅니다. 앞서 지정한
순환 영역이 무한 반복 재생됩니다. 이 상태에서 표시 창의 템포 항목을 클릭한 채
위아래로 드래그하는 정도에 따라 템포가 바뀌는 것을 확인할 수 있습니다. 이 방법
을 통해 원하는 템포를 찾아 설정합니다.

06 이번엔 박자를 설정합니다. 표시 창에 기본으로 설정된 4/4 박
자는 대부분의 대중가요에 적용되는 박자입니다. 그러므로 특
별한 의도가 없다면 수정하지 않고 그대로 쓰도록 합니다.

왈츠 느낌을 위해 3/4 박자 혹은 6/8 박자로 수정하는 경우가 있지만, 루프 믹싱 방법에서는 4/4 박자 외의 다른 박자를 추천하지 않습니다.

루프 브라우저에 있는 대부분의 루프가 4/4 박자에 최적화되어 있어서 박자를 변경하여 루프를 조합하면 조화로운 구성이 힘들어지기 때문입니다.

07 조성은 기본 C장조로 설정되어 있으며, 이는 루프 믹싱 작업 도중, 혹은 마지막에 수정하며 어울리는 음역대로 설정할 수 있습니다. 하지만 각 조성의 느낌이 확연히 다르게 느껴지는 절대음감이 아닌 이상 처음부터 의도된 조성을 선택하기는 쉽지 않으므로 C장조 그대로 시작해 봅니다.

08 도구 막대에서 [루프 브라우저 버튼]을 클릭해서 루프 브라우저를 열고 자유롭게 루프를 선택해서 작업 공간으로 드래그하여 옮겨 봅니다. 기존의 Drummer 영역이 아닌 빈 영역으로 드래그해야 하는 데 주의합니다. 오디오 루프는 오디오 영역으로 지정된 트랙에 삽입하거나 빈 트랙에 새로 생성하는 것만 가능하기 때문입니다. 다른 오디오 루프를 같은 트랙에 가져오는 것은 가능하지만, Drummer 영역이나 소프트웨어 악기 영역에는 가져올 수 없습니다.

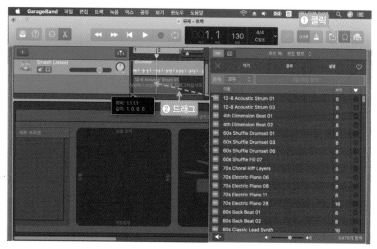

09 아래와 같이 추가한 오디오 루프가 새로 생성되어 배치되었다면 도구 막대에서 **[재생 버튼]**을 클릭하여 확인해 보고, 다른 루프도 자유롭게 추가해 봅니다.

가장 기본적인 루프 믹싱 방법을 실습해 보았습니다. 이어서 어울리는 조합을 찾아 본격적으로 루프 믹싱을 실습해 봅니다.

🍊 **오렌지노 특강**

여러 트랙을 사용하여 루프들을 동시에 재생할 때 주의해야 할 점이 있습니다. 잔잔한 멜로디의 루프는 다른 루프와 함께 재생될 때 잘 어우러지기보다 방해가 되는 경우가 많습니다. 그러므로 가급적 다른 루프와 겹쳐서 재생되지 않도록 배치하는 것이 좋습니다. 함께 재생하여 어울리는 것을 찾기 어렵거나, 감이 부족하다 생각되면 드럼 루프 하나에 한두 개의 악기 루프 정도만 동시에 배치하여 재생해 보는 것이 좋습니다.

▶ 어울리는 악기 조합

앞서의 실습에서 루프를 가져와 배치시키는 것만으로 간단한 음악이 만들어지는 것은 알아보았습니다. 하지만 루프를 재생해 보면 뭔가 부자연스럽고, 듣기에 좋지 않았을 것입니다. 이제 자연스러운 조합, 어울리는 루프 조합을 찾아 배치해야 합니다. 먼저 서로 어울리는 악기 조합을 살펴봅니다.

루프 팩: 모든 장르 ⬍			
✕ 악기	장르	설명	♡
모든 드럼	피아노	기타	스트링
키트	신디사이저	어쿠스틱 기타	목관 악기
퍼커션	전자 피아노	일렉 기타	금관 악기
탬버린	오르간	클라이드 기타	보컬
셰이커	클라비넷	베이스	비트
콩가	맬릿	합성 베이스	사운드 효과
봉고	비브라폰	전자 베이스	광고음악

▲ 루프 브라우저의 악기 목록

루프 브라우저를 열고 [악기] 탭을 클릭하면 다양한 악기 목록이 표시됩니다. 이 악기들 중 서로 어울리는 악기들의 조합을 찾아야 합니다.

먼저 [모든 드럼]을 선택하고 추가로 [키트]나 [비트]를 선택하여 원하는 루프를 찾을 수 있습니다. 만약 이국적인 느낌의 음악을 만들고 싶다면 드럼을 대신하여 타악기에 해당하는 [퍼커션]을 선택할 수 있습니다. [퍼커션]을 선택한 후 [탬버린], [셰이커], [콩가], [봉고] 중 하나를 선택하여 기본 리듬을 구성하면 아프리카, 라틴 음악 등의 장르를 만들 수 있을 것입니다.

◀ 쿠바의 타악기 콩가

드럼, 신디사이저, 일렉 기타, 베이스 등으로 구성하여 록 분위기로 조합하는 것도 좋은 방법입니다. 반대로 어쿠스틱(전자 악기가 아닌 조합) 느낌을 내기 위해 피아노, 어쿠스틱 기타, 스트링, 목관 악기, 금관 악기 조합을 사용하는 것도 좋습니다.

▲ 드럼, 기타, 베이스 등으로 구성된 록 밴드

반면 오케스트라 느낌을 주고 싶다면 [스트링]을 풍부하게 사용하면 됩니다. 그랜드피아노 소리가 추가되는 것도 좋습니다. [스트링]은 가급적 멜로디가 강하지 않은 루프를 사용하고 금관 악기, 목관 악기로 멜로디 라인을 만듭니다.

▲ 현악기, 관악기, 타악기를 모두 사용하는 오케스트라

▶ 장르/설명(스타일) 선택하기

루프 브라우저에는 가장 상단에서 루프 팩을 선택할 수 있고, 이어서 [악기],
[장르], [설명] 탭에서 분류를 선택할 수 있습니다.

▲ 루프 팩 선택하기

루프 팩을 먼저 선택하면 하단 탭에서 그에 해당하는 [장르]를 확인할 수 있습
니다. 예를 들어 루프 팩에서 [Hip Hop]을 선택하면 다음과 같이 [장르] 탭에서
[힙합], [어번], [힙합/R&B]만 선택할 수 있는 걸 확인할 수 있습니다.

이 순서로 루프 팩에 이어 장르까지 선택했다면 이어서 [악기] 탭을 클릭하여
앞서 설명했던 어울리는 악기 조합으로 트랙을 구성하면 됩니다. 좀 더 세부
적으로 루프를 선택하고 싶다면 [설명] 탭에서 스타일까지 선택합니다. 이렇게
다양한 조건을 지정하면 좀 더 원하는 느낌의 루프를 찾을 수 있을 것입니다.

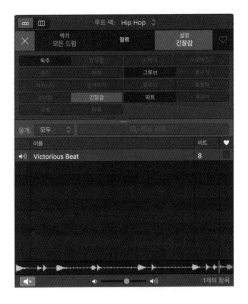

이렇게 최종적으로 필터링하여 찾은 루프를 클릭해서 들어 보고 조합하여 어
울리는 루프들을 배치하는 것입니다.

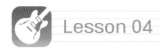

Lesson 04

편집에 익숙해지기

루프 믹싱을 위한 기본 정보 설정부터 적절한 루프를 찾는 요령까지 배웠다면 다음으로 루프 브라우저에서 트랙으로 옮긴 루프들을 편집하는 방법을 알아 볼 차례입니다. 개러지밴드에서 제공하는 루프들은 1~64비트로 다양한 길이 가 있습니다. 그러므로 원하는 시간에 맞게 편집을 진행해야 합니다.

루프를 트랙에 배치한 후 편집할 루프에서 마우스 오른쪽 버튼을 클릭하면 다 음과 같이 기본적인 편집 메뉴가 표시됩니다. 편집 메뉴 등을 이용하여 루프 를 반복하거나 자르고 이동하여 곡을 완성해 나가야 합니다.

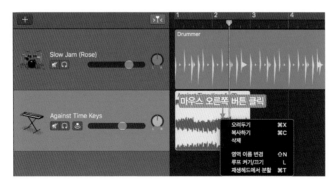

▲ 루프 편집 메뉴

▶ 루프 반복

루프의 길이가 충분히 길지 않을 때는 반복해서 재생되게 할 수 있습니다. 트랙에서 해당 루프의 오른쪽 끝에 마우스 포인터를 옮기면 다음과 같이 위아래두 개의 아이콘이 표시됩니다. 단순히 해당 루프를 반복해서 재생할 때는 위쪽에 표시되는 반복 포인터를 클릭한 채 오른쪽으로 드래그합니다.

❶ **반복 포인터:** 클릭한 채 드래그해서 루프의 길이를 반복해서 늘입니다.

❷ **크기 조절 포인터:** 클릭한 채 드래그해서 루프 영역을 조절합니다. 이후 반복 포인터를 이용해 루프의 길이를 늘이면 조절된 영역만큼만 반복됩니다.

반복 포인터를 클릭한 채 오른쪽으로 드래그하면 루프 영역이 계속해서 반복 생성되며, 다시 왼쪽으로 드래그해서 되돌릴 수도 있습니다.

▶깨알Tip 루프에서 마우스 오른쪽 버튼을 클릭한 후 [루프 켜기/끄기]를 선택하거나 단축키 L 을 누르면 현재 작업 공간의 마지막까지 반복되도록 설정할 수 있습니다.

▶ 자르고 붙이기

루프를 더 길게 쓰는 경우가 대부분이지만 반대의 경우도 있습니다. 즉, 루프가 너무 길어서 일부를 잘라 버려야 할 때, 잘라서 여러 위치에 나눠서 배치해야 할 때, 전체 루프 중 일부만 필요할 때가 있습니다.

이런 상황이라면 우선 루프를 분할하고, 삭제/오려두기/복사하기 기능을 적
용합니다. 먼저 분할, 즉 루프를 자르기 위해서는 트랙에 세로로 표시된 재생
헤드를 좌우로 드래그하여 분할 위치에 배치합니다. 그런 다음 루프에서 마우
스 오른쪽 버튼을 클릭하고 [재생헤드에서 분할](⌘+ⓣ)을 선택합니다.

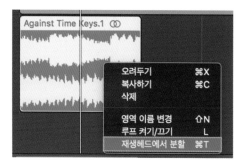

재생헤드를 기준으로 나눈 루프는 이제 별개의 루프가 됩니다. 그러므로 자른
각 루프를 반복하거나 드래그해서 다른 위치에 배치할 수 있습니다. 필요 없
는 부분은 선택한 후 delete를 눌러 삭제해 버리면 됩니다.

자른 일부를 다른 위치에 배치하려면 루프 상단 이름 부분을 드래그해서 옮기
거나 선택해서 오려두기(⌘+ⓧ) 또는 복사하기(⌘+ⓒ) 기능을 사용한 후 원
하는 위치에서 붙이기(⌘+ⓥ) 기능을 실행합니다. 이때 원하는 위치는 재생
헤드를 이용해 선택할 수 있습니다.

▶ 뒤로 재생 및 조옮김

파란색 트랙인 오디오 루프를 더블 클릭하면 하단에 오디오 편집기가 나타납니다. 오디오 편집기를 이용하면 재미있는 편집을 할 수 있습니다. 편집기에서 [영역] 탭을 클릭하면 [뒤로 재생] 체크상자가 보입니다. 이는 오디오를 반대로 재생하는 기능으로 뒤로 재생할 루프를 선택한 후 체크하면 됩니다. 색다른 느낌을 연출하고 싶을 때 사용해 볼 만합니다.

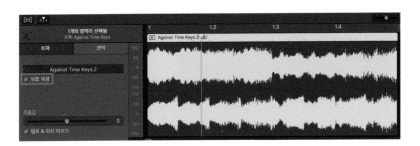

┌─ 🍊 오렌지노 특강 ─────────── **서태지와 아이들의 '피가 모자라' 루머** ─┐

1994년 발매된 서태지와 아이들 3집에 수록된 '교실 이데아'라는 곡의 일부분을 역방향으로 재생하면 '피가 모자라 배고파'와 같은 가사로 들린다는 소문이 돈 적이 있습니다. 당시에는 역방향으로 재생하려면 카세트 테이프의 재생 필름을 물리적으로 뒤집어 재생해야 했고, 대부분 이 소문에 의해 처음 시도해 본 일이었습니다. 많은 매체가 '사탄 숭배'와 같은 주제로 특집을 내보내며 소문의 힘을 더했습니다.

하지만 일부 외국곡이 한국어 가사처럼 들리는 현상도 자주 일어나듯 이 또한 우연의 일치이며, 듣고 싶은 대로 듣는 심리가 더해져 '피가 모자라 배고파'라는 상상 속 가사를 만들어 낸 에피소드였습니다.

오디오 편집기에서는 뒤로 재생 이외에도 조옮김Change Key(자세한 설명은 157쪽 참고) 기능을 이용해 오디오의 음을 수정할 수 있습니다. [영역] 탭에 있는 조옮김 슬라이더를 좌우로 조절하여 −12부터 12까지 조옮김을 직접 실행하면서 오디오의 변화를 직접 확인해 보세요.

▶️깨알Tip 조옮김 옵션이 보이지 않는다면 편집기와 트랙 영역 사이를 드래그하여 편집기 화면의 높이를 조절해 보세요.

의도한 코드 진행대로 음을 만들고 싶을 때 오디오 루프를 분할하고 각각 다른 조옮김 값을 적용하면 그에 맞게 코드 진행 효과를 낼 수 있습니다. 다만 조를 옮기는 것만으로 정확히 코드를 맞추기에는 어려움이 있으므로 코드 청음에 훈련이 된 경우가 아니라면 조옮김 값의 변경을 추천하지 않습니다.

▶ Flex를 이용하여 세부 조정하기

오디오 루프는 자르고 붙이는 정도의 수정에서 그치는 경우가 많지만, 보다 세부적인 편집도 가능합니다. Flex를 이용하는 방법으로, 오디오 편집기 영역에서 왼쪽 위를 보면 [Flex 보기/가리기 버튼](⌘+F)이 있습니다. 해당 버튼을 클릭해서 Flex 보기로 전환할 수 있습니다.

Flex는 오디오 영역의 음표와 비트 타이밍을 세부적으로 편집할 수 있습니다. 함께 재생할 다른 트랙의 비트와 맞지 않을 때 이용할 수 있지만 완성된 오디오를 편집하는 것인 만큼 다른 기능에 비해 비교적 전문적인 감각을 필요로 하는 편집 화면입니다.

Flex 편집 상태에서는 오디오 파형을 쪼개어 타이밍을 편집할 수 있습니다. 편집을 원하는 곳을 클릭하면 해당 위치 앞뒤의 음을 분석하여 세 개의 표시자로 쪼개집니다. 이렇게 구분된 표시자를 드래그하여 타이밍을 조절합니다.

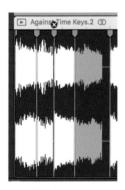

▲ 선택한 위치와 세 개의 표시자

이러한 Flex 편집은 오디오를 음 단위로 분석하고 쪼개어 최대한 원본 오디오를 해치지 않는 상태로 편집해야 합니다. 하지만 이 기능을 사용하여 편집 전보다 좋은 결과를 내려면 전문적인 기술과 감각이 필요합니다. 그러므로 개러지밴드나 작곡에 대한 이해가 높아진 후에 사용하기를 추천합니다.

Chapter 05

장르별 실전 배경음악 만들어 보기

루프 브라우저에서 선택하여 트랙에 배치한 루프를 반복하거나 잘라서 붙이는 등의 편집 과정으로 음악을 만드는 가장 기본적인 방법을 알아보았습니다. 하지만 이는 기능을 설명하기 위한 연습이었을 뿐 진정한 음악을 만들었다고 할 수 없습니다. 여기서는 장르별 음악을 직접 따라 하면서 만들어 보겠습니다. 개러지밴드를 처음 이용한다면 이 과정이 다소 어렵게 느껴질 수 있습니다. 시간이 걸리더라도 꼼꼼하게 확인하고 차근차근 따라해 보기를 당부합니다. 이 과정만 잘 넘기면 앞으로 다양한 배경음악을 직접 만들어 사용하게 될 것입니다.

▶ 깨알Tip

Lesson 01은 전 과정을 세세하게 설명하지만, Lesson 02부터는 중복된 설명은 생략하고 넘어가므로 반드시 Lesson 01을 실습해 보고 다음 실습을 진행해 주세요.

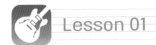

즐겁고 활기찬 느낌의
배경음악 만들기

일반적인 영상에 가볍게 사용할 수 있는 즐겁고 활기찬 느낌의 배경음악을 만들어 보겠습니다. 지금까지 내용을 잘 따라 왔다면 [빈 프로젝트 → 드러머]를 선택하여 신규 프로젝트를 생성할 수 있을 것입니다.

Mission 01

- **활용:** 밝은 분위기의 영상 배경음악으로 두루 활용
- **길이:** 약 2분
- **기본 정보:** 템포 120, 4/4 박자, C장조
- **결과 미리듣기:** https://youtu.be/ID_nY_CxIZs

영상으로 미리보기

▶ 기본 32마디 완성하기

01 신규 프로젝트를 생성한 후 구성은 템포 120, 4/4 박자, C장조로 설정합니다. 기본
으로 추가된 드러머 트랙에서 작업 공간에 있는 드럼 루프를 선택한 후 `delete`를 클
릭해 삭제합니다.

02 단축키 `O`를 눌러 루프 브라우저를 열고, [**악기**] 탭에서 [**광고음악**]을 선택합니다. 광
고음악에 포함된 오디오 루프들은 다른 트랙과 겹치지 않고 그대로 사용해도 될 정
도로 완성도가 높은 것들이 많아 활용도가 높습니다.

03 다음으로 [**설명**] 탭에서 [**유쾌**]를 선택합니다. 검색된 루프 목록이 27개로 표시됩니다. 개수가 많지 않으니 모두 클릭하여 들어본 후 이후에라도 사용하기에 적당하다 싶은 루프가 있으면 비트 오른쪽에 있는 즐겨찾기 체크상자에 체크해 둡니다.

▶️ **깨알Tip** ⟩ 즐겨찾기로 추가해 놓은 루프는 이후 루프 목록 상단에 있는 하트 모양의 즐겨찾기 💟 아이콘을 클릭하여 빠르게 확인할 수 있습니다. 루프 이름 중 번호가 매겨진 것들이 있습니다. 이런 것들은 비슷한 분위기이거나 뒤이어 나와도 어색하지 않게 어울리는 루프입니다. 이런 루프들은 굳이 들어 보지 않고도 같이 쓰기 좋습니다.

04 완성된 하나의 곡은 일반적으로 '기승전결'과 같은 흐름이 있습니다. 모든 곡이 그런 것은 아니지만 많은 곡들이 도입은 잔잔하게 시작하므로 이번 실습 곡에서도 잔잔한 패턴으로 시작하겠습니다. 앞서 검색한 루프 목록 중 [Quiet Refrain Layers 01]과 [Quiet Refrain Layers 02]를 각각 들어 봅니다. 두 번째 루프가 조금 더 잔잔하므로 실습에서는 [Quiet Refrain Layers 02]로 시작해 보겠습니다. 루프를 빈 트랙으로 드래그해서 배치합니다.

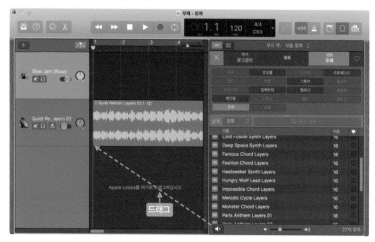

05 루프를 배치해 보니 4마디를 꽉 채웠습니다. 즉, 이 루프는 4/4 박자에서 4마디를 채우는 16비트 루프입니다. 이 루프가 4번 반복되도록 16마디까지 루프를 반복 배치합니다.

아이폰/아이패드용 개러지밴드에서는 일반적으로 8마디를 하나의 섹션 단위로 구분하여 곡의 구조를 보다 효율적으로 관리할 수 있습니다. 하지만 맥용 개러지밴드에서는 섹션으로 나눌 수 없습니다. 그러므로 8마디를 하나의 섹션으로 인식하도록 연습하는 것이 좋습니다. 앞에서 살펴본 16마디의 길이는 두 개 섹션에서 해당 루프가 반복되는 것이라 생각하면 됩니다.

추가로 개러지밴드 눈금자를 확대/축소하면 좀 더 자세하게 마디와 비트를 확인할 수 있습니다. 아래 이미지는 4개의 마디를 순환 영역으로 지정해 놓은 상태이며, 각 마디 안에는 4개의 비트가 작은 눈금으로 구분되어 있습니다. 즉 4/4 박자로 설정한 프로젝트의 눈금자임을 파악할 수 있습니다.

06 A 섹션(1~8마디)의 8마디는 [Quiet Refrain Layers 02] 루프만 재생되는 것으로 하고, B 섹션(9~16마디)에 드럼을 추가하겠습니다. 재생헤드를 9마디 시작 부분에 배치합니다. 드러머 트랙의 재생헤드 바로 오른쪽(9마디)에서 마우스 오른쪽 버튼을 클릭한 후 [Drummer 영역 생성]을 선택합니다. 재생헤드를 기준으로 오른쪽에 드럼 루프가 추가됩니다.

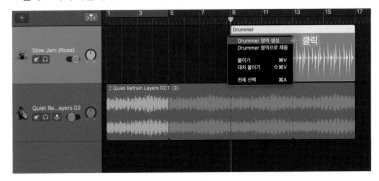

07 이 드럼 루프를 바꾸기 위해 Drummer 영역을 더블 클릭해 편집기(단축키 [E])
를 엽니다. 이어서 **[보관함 버튼]**(단축키 [Y])을 클릭해 보관함도 엽니다. 보관함에서
Drummer는 **[록 → Kyle – Pop Rock]**으로, 사운드는 **[Drum Kit → SoCal]**을 선
택합니다. 이어 편집기에서 비트 프리셋을 **[New Kicks]**로 선택합니다.

▶ **깨알Tip** Drummer 영역에서 장르가 표시되지 않으면 영역 왼쪽 경계선을 오른쪽으로 드래그해
서 영역 너비를 넓힙니다.

🍊 **오렌지노 특강**

취향에 따라 다른 드럼 루프를 선택해도 무방합니다. 보관함에서 Drummer,
사운드를 선택하고 편집기의 비트 프리셋을 다양하게 바꿔 가면서 루프를 들
어 보는 것도 좋습니다. 그렇게 여러 루프를 들다 보면 어울리는 루프를 찾는
것이 더 수월해질 것입니다. 이와 같이 기존에 배치된 루프와 어울리는 루프를
찾기 위해 여러 루프를 들어 볼 때는 해당 마디를 순환 영역으로 지정한 후 재
생하면 좀 더 편리합니다.

08 드럼과 오디오가 좀 더 자연스럽게 어울릴 수 있도록 비트를 일치시키는 것이 좋습니다. 편집기 드럼 설정에서 킥 및 스네어의 **[따르기]**에 체크하고 [Quiet Refrain Layers 02]에 따르도록 설정합니다. 이렇게 함으로써 드럼 비트를 오디오와 일치시킬 수 있습니다.

09 이제 이 드럼 루프를 그대로 C, D 섹션(17~32마디)까지 반복해서 늘립니다. 그리고 C 섹션(17~24마디)에 [Quiet Refrain Layers 01] 루프를 추가로 배치하고 32마디까지 반복해서 늘립니다. 이제 약 1분 정도의 곡이 되었습니다. **[재생 버튼]**을 클릭하여 처음부터 들어 보세요.

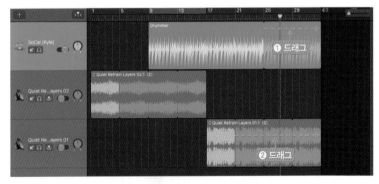

새로운 프로젝트를 생성하면 기본 길이는 32마디입니다. 이러한 프로젝트 길이를 변경하려면 상단 눈금자에서 32마디에 있는 [**프로젝트 표시자의 끝**]을 좌우로 드래그하면 됩니다. 그러므로 프로젝트를 시작할 때 마디를 결정했다면 먼저 프로젝트 표시자를 조절한 후 시작합니다.

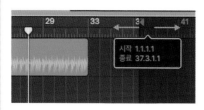

▲ 프로젝트 표시자의 끝

또한 작업할 마디가 많아져서 한 화면에 모든 마디가 보이지 않을 때, 혹은 각 마디를 자세하게 표시하고 싶을 때는 작업 공간 오른쪽 위 [**가로 확대/축소 슬라이더**]를 좌우로 드래그하여 하여 가로 표시 범위를 조정하면 됩니다.

▲ 가로 확대/축소 슬라이더

▶ 쉬어 가는 부분 구성하기

01 기본 32마디에 이어서 E 섹션(33~40)은 쉬어 가는 느낌으로 구성하겠습니다. 루프 브라우저를 열고 악기는 **[광고음악]**, 설명은 **[앙상블]**과 **[멜로디]**를 중복 선택하여 검색 합니다. 검색 필드에서 'Star Nursery Layers 01'을 입력해서 찾아도 좋습니다.

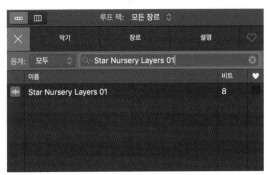

02 **[Star Nursery Layers 01]** 루프를 새롭게 배치한 후 8마디를 채웁니다. 즉, 40마디까지 채웁니다. 드러머 트랙에서는 33~36마디는 비워 두고, 37마디에서 마우스 오른쪽 버튼을 클릭한 후 **[Drummer 영역 생성]**을 선택하여 37~40마디를 새로운 드럼으로 채웁니다.

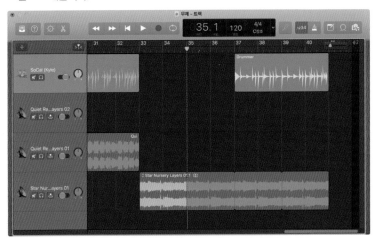

▶ **깨알Tip** 드럼을 채우면 기본으로 8마디가 채워집니다. 그러므로 새로 추가한 드럼 루프의 오른쪽 끝에서 아래에 있는 [크기 조절 포인터]를 왼쪽으로 드래그하여 4마디로 줄입니다.

03 새롭게 추가한 드러머 트랙의 루프를 더블 클릭해서 편집기를 열고 킥 및 스네어의 **[따르기]**에 체크한 후 따를 루프를 [Star Nursery Layers 01]로 설정합니다. 드럼 루프의 비트가 음악 루프와 어울리게 바뀝니다.

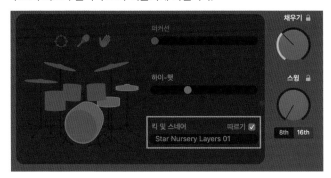

04 이제 드럼이 시작되고 끝나는 지점을 조금 더 세련된 느낌으로 편집하겠습니다. 32 마디에서 끝났던 드럼 루프를 1비트만 늘려 33마디의 1비트에서 끝나도록 하고, 37 마디에서 시작한 드럼 루프는 2비트를 앞으로 잡아 늘려 36마디의 3비트부터 시작 되게 합니다.

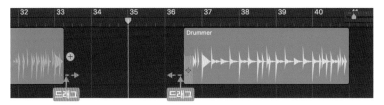

▶ **깨알Tip** 루프를 앞으로 늘릴 때는 루프 왼쪽 끝 아래에 있는 [크기 조절 포인터]를 왼쪽으로 드래 그하면 됩니다. 위 이미지를 기준으로 눈금자에서 마디 사이에 있는 작은 눈금이 비트 눈금입니다.

위와 같이 드럼 루프의 시작과 끝을 수정한 후 다시 들어 보면서 차이를 느껴 보세 요. 기존의 단조로운 느낌보다 세련된 드럼 루프를 느낄 수 있을 것입니다.

▶ 반복 및 코러스 추가

01 F 섹션(41~48마디)은 C 섹션(17~24마디)과 동일하게 만든 후 코러스를 추가하여 변화를 주겠습니다. 먼저 F 섹션을 C 섹션과 동일하게 드럼과 [Quiet Refrain Layers 01] 루프를 이용해 완성합니다.

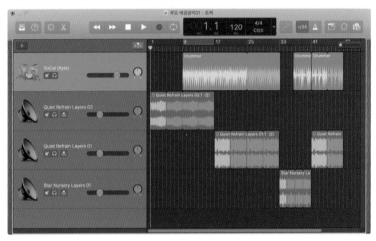

02 이제 코러스를 추가하겠습니다. 루프 브라우저에서 [Christy Background 16] 루프를 찾아 41~42마디, 45~46마디에 넣고, [Christy Background 11] 루프를 찾아 43~44마디, 47~48마디에 배치합니다.

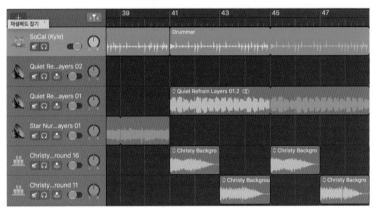

▶ 깨알Tip 루프 검색을 이용하거나 [악기: 보컬], [설명: 클린]으로 설정하여 목록에서 찾을 수 있습니다.

03 코러스를 추가했지만 이 상태로 마무리하면 [Quiet Refrain Layers 01] 루프의 코
    드 진행과 어울리지 않습니다. 따라서 [Christy Background 11] 루프 음을 인위적
    으로 수정하겠습니다. [Christy Background 11] 루프 두 개를 각각 선택한 후 편
    집기의 **[영역]** 탭에서 조옮김을 **[-2]**로 수정합니다.

┌─ 🍊 **오렌지노 특강** ─── **코드와 멜로디가 상충하는 걸 느끼기 어려운 경우의 작곡** ─┐

두 개 이상의 오디오 루프를 동시에 재생했을 때 잘 어울리지 않아 루프의 조
옮김을 인위적으로 수정할 수 있으려면 음정과 코드에 대한 감각이 필요합니
다. 이러한 음악적 지식과 감각이 부족하다면 가급적 오디오 루프(특히 여러
악기가 동시에 쓰이는 광고음악 루프 등)는 한 번에 한 루프만 재생되도록 배
치하는 것을 권장합니다.

04 G 섹션(49~56마디)은 F 섹션(41~48마디)과 동일하게 구성하되 [Quiet Refrain
   Layers 02] 루프도 함께 배치합니다. [Quiet Refrain Layers 01] 루프에 이미
   [Quiet Refrain Layers 02] 루프의 일부가 포함되어 있지만 동시에 재생할 때 겹
   치는 부분이 더욱 풍성하게 들립니다.

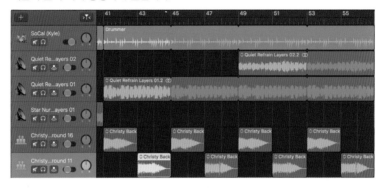

▶ 마무리

01 마지막 섹션인 H 섹션(57~60마디)은 잔잔하게 4마디만으로 마무리합니다. 보컬
   오디오 루프인 [Christy Background 16], [Christy Background 11]을 각각
   57~58마디, 59~60마디에 배치합니다. 드럼은 57~60마디에 새로 추가합니다.

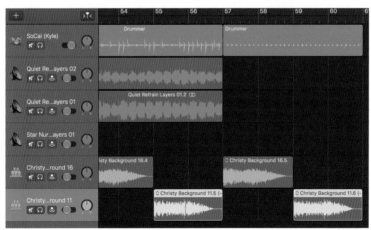

02 추가한 드럼 루프는 편집기에서 다음 그림과 동일하게 변경해 줍니다. 음량과 비트의 복잡도를 조절하는 X/Y 패드는 중앙에 배치하고, 드럼의 각 요소에서는 '하이-햇'만 남긴 채 나머지는 클릭해서 비활성하면 됩니다. 킥 및 스네어에서는 **[따르기]**에 체크하고 [Christy Background 16] 루프로 변경합니다. 마지막으로 채우기 노브를 조절하여 가장 낮게 만듭니다.

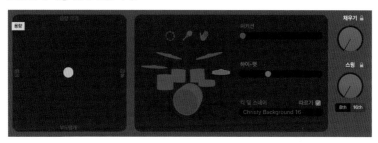

03 마무리는 잔잔한 하이-햇과 코러스만 남깁니다. 약 2분에 해당하는 즐겁고 활기찬 느낌의 배경음악이 완성되었습니다.

작업 공간 오른쪽 상단의 **[가로 확대/축소 슬라이더]**를 이용하여 작업 공간을 한 화면에 들어오도록 조정하면 위와 같은 구성을 확인할 수 있을 것입니다. 만약 위 결과와 다르다면 복습한다는 생각으로 전체 과정을 다시 한번 실습해 보길 바랍니다.

▶ 완성한 곡 저장하기

지금까지 완성한 곡은 메뉴 막대에서 [파일 – 저장]을 선택하거나 혹은 단축키 ⌘+ⓢ를 눌러 저장할 수 있습니다. 이렇게 저장한 프로젝트는 추후 [파일 – 열기]를 선택해서 불러와서 수정할 수 있습니다.

프로젝트가 아닌 바로 사용할 수 있는 오디오 파일로 저장하려면 메뉴 막대에서 [공유 – 노래를 디스크로 보내기]를 선택하여 완성한 곡을 AAC, MP3, AIFF, WAV 파일로 저장할 수 있습니다.

다음과 같이 팝업 창이 나타나면 저장할 위치, 파일 이름, 파일 종류를 선택한 후 [보내기]를 클릭하면 됩니다.

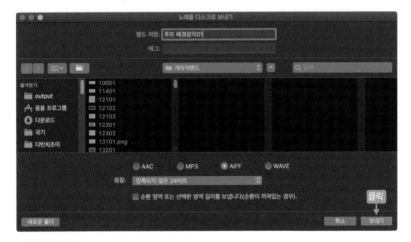

▲ 저장 팝업 창

Lesson 01을 잘 따라 했다면 즐겁고 활기찬 느낌의 배경음악을 완성하고, 원하는 형식으로 오디오 파일을 저장했을 것입니다. 첫 곡 작업을 축하드립니다. 이어서 몇 가지 테마의 배경음악을 더 만들어 볼 것입니다. 하지만 지금부터 따라 하여 만드는 곡들은 중복된 설명을 생략하고, 설정해야 하는 내용 위주로 소개하겠습니다. 실습이 어렵다면 Lesson 01을 복습하길 바랍니다.

오렌지노 특강 ──────────────── **루프 사용으로 인한 저작권 침해 제기 가능성**

드문 경우이지만 애플 루프를 사용하여 만든 음악을 유튜브에 업로드하였을 때 저작권 침해 제기 통보를 받을 수 있습니다. 동일한 애플 루프를 사용한 곡이 유튜브 Content ID로 등록되었을 때 같은 곡으로 잘못 인식했기 때문입니다. 하지만 애플 루프는 애플이 공식적으로 밝힌 바와 같이 누구나 상업적으로 활용하여 자신의 곡으로 만들 수 있기에 저작권 침해 제기는 잘못된 것으로 이의 제기 신청을 통해 바로잡을 수 있습니다.

Lesson 02에서 만들어 볼 긴장감 넘치는 배경음악이 그 예입니다. 이 곡은 저작권 침해 제기 통보를 받아 이의 제기 신청을 한 바 있으며, 항소가 받아들여져 저작권 침해 철회 처리가 되었습니다.

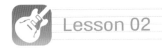

Lesson 02

긴장감 넘치는 상황에 어울리는 배경음악

긴장감 넘치는 상황에 어울리는 곡은 만들기 위해서는 장조가 아닌 조성을 사용하거나 dim^{다 마이너시드 코드} 등 불안정한 코드를 보편적으로 씁니다. 하지만 이런 화성학 지식이 없어도 루프 브라우저에서 해당 루프들을 가져와서 손쉽게 구성할 수 있습니다.

> 🍎 **오렌지노 특강** ──── **긴장감 넘치는 분위기로 잘 만들어진 곡 추천**
>
> 참고용으로 듣기 좋은 음악을 하나를 추천하자면 1998년에 발매된 토이의 '길에서 만나다'가 있습니다. 유튜브에서 검색해도 들을 수 있으니, 실습 전에 찾아서 들어 본다면 이런 분위기의 곡에 대한 이해도를 높일 수 있을 것입니다.

Mission 02

- **활용:** 타임랩스나 세련된 영상. 긴장감과 기대감이 필요할 때
- **길이:** 약 2분 10초
- **기본 정보:** 템포 103, 4/4 박자, C장조
- **결과 미리듣기:** https://youtu.be/lm_bw30pUy0

영상으로 미리보기

▶ 새로운 프로젝트 및 기본 설정

메뉴 막대에서 [파일 – 신규]를 선택하거나 단축키 ⌘+N을 누르고 [새로운 프로젝트 → 빈 프로젝트 → 드러머]로 새로운 프로젝트를 생성합니다. 드러머 트랙은 그대로 두고, 기본적으로 추가된 드럼 루프는 삭제합니다. 템포의 BPM은 103으로 수정합니다. BPM은 짝수로 맞추는 것이 일반적이지만 장르 특성상 홀수로 맞췄습니다.

이어서 주로 사용할 루프를 먼저 확인해 보겠습니다. 루프 브라우저를 열고 (단축키 O), [설명] 탭에서 [변형]과 [긴장감]을 선택합니다. 루프 목록에 표시되는 오디오 루프들이 긴장감 넘치는 상황에 어울리는 곡을 만드는 데 주로 쓰입니다. 검색된 각 루프를 선택해서 미리 들어 보세요.

▶ 섹션 구성하기

이번에 만드는 곡은 평범한 패턴을 깨는 루프들을 사용하지만 조화롭게 흘러가서 긴장감을 느끼게 해야 합니다. 그렇다고 거슬리는 느낌이 든다면 배경음악으로 적절하지 않으니 이 또한 주의해야 합니다. 앞에서 소개한 것처럼 A 섹션부터 H 섹션까지 8개 섹션으로 구성되며 처음과 마지막 섹션은 4마디, 그 외의 섹션은 모두 8마디입니다.

먼저 아래와 같이 A, B, C, D 섹션(1~28마디)을 오디오 루프로 채워 구성합니다.

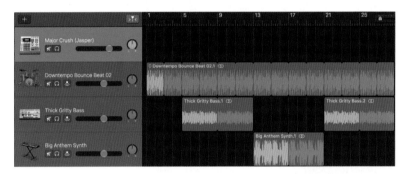

▲ A~D 섹션 구성

A 섹션(1~4마디)

- [Downtempo Bounce Beat 02] 루프를 추가하여 4마디를 배치합니다.
  (**악기:** 모든 드럼, **설명:** 변형, 긴장감)

B 섹션(5~12마디)

- [Downtempo Bounce Beat 02] 루프로 8마디를 채웁니다. A 섹션의 루프를 그대로 늘려 사용하면 됩니다.

- [Thick Gritty Bass] 루프를 추가로 배치하여 8마디를 채웁니다.
  (**악기:** 베이스, **설명:** 변형, 긴장감)

C 섹션(13~20마디)

- [Downtempo Bounce Beat 02] 루프로 8마디를 채웁니다.

- [Big Anthem Synth] 루프를 추가로 배치하여 8마디를 채웁니다.
  (**악기:** 신디사이저, **설명:** 변형, 긴장감)

D 섹션(21~28마디, 섹션 B와 동일)

- [Downtempo Bounce Beat 02] 루프로 8마디를 채웁니다.

- [Thick Gritty Bass] 루프를 추가해서 8마디를 채웁니다.

29마디부터 시작하는 E 섹션에서 분위기를 바꾸지만 흐름을 해치지 않도록 다음과 같이 구성합니다.

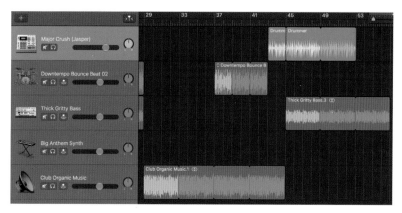

▲ E~F 섹션 구성

E 섹션(29~36마디)

- [Club Organic Music] 루프를 추가로 배치하여 8마디를 채웁니다.
  (**악기:** 광고음악, **설명:** 변형, 긴장감)

▶ **깨알Tip** [Club Organic Music] 루프 사용으로 인해 저작권 침해 신고를 받을 수 있습니다. 앞서 이야기했듯 애플 루프를 이용한 작업은 저작권 침해 신고 대상에 해당하지 않습니다. 하지만 이의 제기 등의 번거로운 절차가 필요하므로, 다른 루프를 사용해도 좋습니다.

F 섹션(37~44마디)

- [Club Organic Music] 루프로 8마디를 채웁니다.

- **[Downtempo Bounce Beat 02]** 루프로 37마디부터 42마디까지 6마디만 채웁니다.

- 드러머 트랙에서 보관함을 열고 아래와 같이 선택한 후 43마디부터 44마디까지 2마디를
  채웁니다.
  (**Drummer:** 일렉트로닉 → Jasper – Dubstep, **사운드:** Electronic Drum Kit → Major
  Crush)

- 드럼 루프 편집기에서 비트 프리셋을 [**The Drop**]으로 선택한 후 X/Y 패드에서 '복잡'에
  가깝게 설정합니다.

- 모든 악기를 켜고 퍼커션과 심벌즈 및 하이-햇을 중간 정도로 설정합니다. 킥, 스네어 및 박
  수 설정을 [Club Organic Music] 루프로 선택하고 [**따르기**]에 체크합니다. 채우기 노브
  는 꽉 채워서 화려하게 조정합니다.

G 섹션(45~52마디)

- [Thick Gritty Bass] 루프로 8마디를 채웁니다.

- 드러머 트랙에서 8마디의 루프를 새로 만듭니다. 드럼 설정은 아래와 같이 변경합니다.
  - 킥, 스네어 및 박수를 [Thick Gritty Bass]로 선택하고 [따르기]에 체크합니다.
  - 채우기 노브를 ¼ 정도로 줄입니다.

H 섹션(53~56마디)

- [Thick Gritty Bass] 루프로 4마디를 채웁니다.

지금까지 A 섹션부터 H 섹션까지 총 56마디로 구성된 약 2분 10초 가량의 긴장감 넘치는 상황에 어울리는 배경음악을 만들었습니다. 완성된 곡을 재생해 보고, 오디오 파일로 저장해서 활용해 보세요.

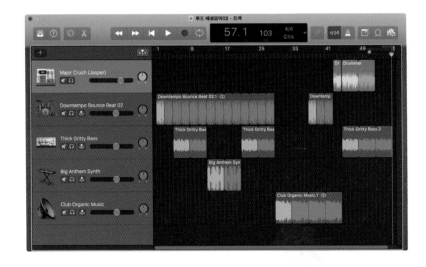

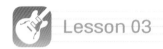

슬프고 무거운 느낌의 배경음악

세 번째 작업할 배경음악은 슬프고 무거운 느낌입니다. 다소 무거운 분위기를 연출할 때는 단조 구성과 절제된 편성 등의 시도가 필요하지만 지금까지 한 작업과 마찬가지로 루프 브라우저에서 어두운 분위기를 골라서 편성하면 슬프고 무거운 느낌을 쉽게 연출할 수 있습니다.

Mission 03

- **활용:** 안타까운 사연, 미스터리 등의 영상에 활용
- **길이:** 약 3분 20초
- **기본 정보:** 템포 96, 4/4 박자 , B단조
- **결과 미리듣기:** https://youtu.be/kgsWXZ_ixlY

영상으로 미리보기

▶ 새로운 프로젝트 및 기본 설정

메뉴 막대에서 [파일 – 신규]를 선택한 후 [빈 프로젝트 → 드러머]로 새로운 프로
젝트를 시작합니다. 드러머 트랙은 그대로 두되, 기본 드럼 루프는 삭제합니
다. 템포의 BPM은 96, 4/4 박자, B단조로 기본 설정을 완료합니다.

루프 브라우저를 열고 [설명] 탭에서 [음울]을 선택합니다. 음계는 [단조]로 설
정합니다. 이렇게 검색한 루프 목록이 슬프고 무거운 느낌의 배경음악에 자주
사용할 곡입니다. 각 루프를 선택해서 들어 보세요.

▶ 초반부 구성

이번 곡 작업은 Metaphysical 루프들을 위주로 활용합니다. 8마디로 구성된 10개의 섹션으로 3분 이상의 곡을 만들어 봅니다. 먼저 A~D 섹션(1~32마디)입니다.

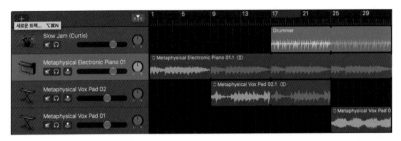

▲ A~D 섹션 완성 결과

A 섹션(1~8마디)

• [Metaphysical Electronic Piano 01] 루프를 배치하여 8마디를 채웁니다.
   (**악기:** 전자 피아노, **설명:** 음울)

B 섹션(9~16마디)

• [Metaphysical Electronic Piano 01] 루프로 8마디를 채웁니다.

• [Metaphysical Vox Pad 02] 루프를 추가로 배치하여 8마디를 채웁니다.
   (**악기:** 신디사이저, **설명:** 음울)

C 섹션(17~24마디)

• [Metaphysical Electronic Piano 01] 루프로 8마디를 채웁니다.

• [Metaphysical Vox Pad 02] 루프로 8마디를 채웁니다.

• 드러머 트랙에서 보관함을 열어 아래와 같이 선택한 후 8마디를 채웁니다.
   (**Drummer:** R&B → Curtis – Neo Soul, **사운드:** Drum Kit → Slow Jam)

- 드럼 루프의 편집기에서 비트 프리셋을 [Lay it Down]으로, 킥 및 스네어를 [Metaphysical Electronic Piano 01] 루프로 선택한 후 [따르기]에 체크합니다.

D 섹션(25~32마디)

- 드러머 트랙으로 C 섹션과 동일하게 8마디를 채웁니다.

- [Metaphysical Electronic Piano 01] 루프로 8마디를 채웁니다.

- [Metaphysical Vox Pad 01] 루프를 추가로 배치하여 8마디를 채웁니다.
  (**악기:** 신디사이저, **설명:** 음울)

▶ 분위기 전환

다음으로 E~G 섹션(33~56마디)에서는 드럼 루프를 빼서 분위기를 바꾸겠습니다.

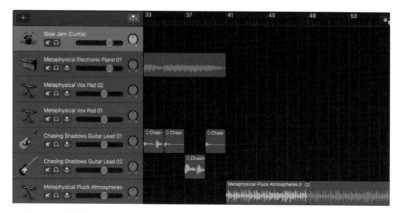

▲ E~G 섹션 완성 결과

E 섹션(33~40마디)

- [Metaphysical Electronic Piano 01] 루프로 8마디를 채웁니다.

- [Chasing Shadows Guitar Lead 01] 루프를 추가로 배치하여 8마디를 채웁니다.
  (**악기:** 기타, **설명:** 음울)

- 재생헤드를 35마디에 위치시킨 후 [Chasing Shadows Guitar Lead 01] 루프를 선택하고 단축키 ⌘+T를 눌러 재생헤드에서 분할 기능을 실행합니다.

- [Chasing Shadows Guitar Lead 01] 루프 중 35~36마디에 있는 루프를 선택하고 복사합니다(단축키 ⌘+C). 39마디에 재생헤드를 위치시키고 붙입니다(단축키 ⌘+V). 37~40마디에 [Chasing Shadows Guitar Lead 02] 루프를 추가로 배치합니다.
  (**악기:** 기타, **설명:** 음울)

- 재생헤드를 39마디에 위치시킨 후 ⌘+T를 눌러 [Chasing Shadows Guitar Lead 02] 루프를 분할하고, 39~40마디에 있는 분할된 루프를 선택한 후 delete를 눌러 삭제합니다.

- 다음과 같이 E 섹션을 완성합니다.

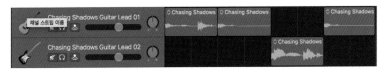

F, G 섹션(41~56마디)

- [Metaphysical Pluck Atmospheres] 루프를 추가로 배치하고 16마디를 채웁니다.
  (**악기:** 신디사이저, **설명:** 음울)

▶ 마무리 구성

끝으로 H~J 섹션(57~80마디)은 초반부와 비슷하게 구성해서 마무리합니다.

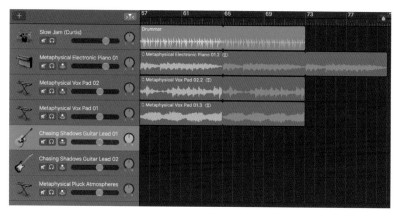

▲ H~J 섹션 완성 결과

H, I 섹션(57~72마디)

- [Slow Jam (Curtis)] 트랙의 C~D 섹션(17~32마디) 루프를 복사하여 57마디에 재생헤드를 위치시킨 후 붙여 넣어 16마디를 채웁니다.

- [Metaphysical Electronic Piano 01] 루프로 16마디를 채웁니다.

- [Metaphysical Vox Pad 01] 루프로 16마디를 채웁니다.

- [Metaphysical Vox Pad 02] 루프로 16마디를 채웁니다.

J 섹션(73~80마디)

- [Metaphysical Electronic Piano 01] 루프로 8마디를 채웁니다.

이렇게 3분 20초 가량의 슬프고 무거운 느낌의 배경음악이 완성되었습니다.

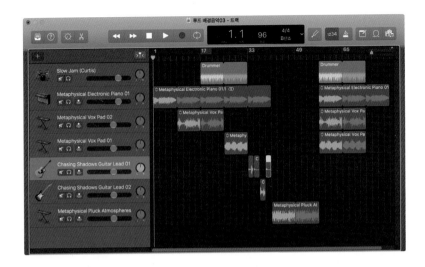

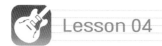

유튜브 콘텐츠를 고려하여 작업하는 방법

방송국이나 전문 스튜디오에서는 영상을 먼저 만들고 그에 맞는 음악을 제작하곤 합니다. 하지만 유튜브 영상을 만들 때는 실상 배경음악용 곡을 직접 만들기가 쉽지 않기에 영상에 맞는 기존 배경음악을 활용하거나 반대로 음악에 맞게 영상을 편집하곤 합니다.

지금까지 다양한 분위기의 곡을 완성해 본 여러분이라면 이제 간단한 배경음악 정도는 만들 수 있을 것이라 생각됩니다. 영상을 먼저 편집한 후 그에 맞는 음악을 제작할 수 있으므로 영상 소스가 음원 길이에 맞지 않아 고민하지 않아도 될 것입니다.

배경음악 삽입을 제외한 영상 편집을 마치고 난 후에는 그 길이에 맞는 무료 음악을 찾아야 합니다. 하지만 직접 곡을 만들었다면 영상 길이에 맞게 쉽게 편곡할 수 있습니다. 곡의 시간을 조절하는 방법은 크게 다음 두 가지가 있습니다.

- **섹션 변경:** 일부 섹션을 삭제하거나 반복하는 방법으로 곡 시간을 조절합니다.
- **템포 조절:** 템포(BPM)를 조절하여 곡 시간을 맞출 수 있습니다. 4/4 박자, 80마디로 구성

된 곡의 길이는 아래와 같이 계산됩니다.

템포 (BPM)	시간
80	04:00
90	03:33
100	03:12
110	02:54
120	02:40
130	02:27

오렌지노 특강

템포를 조절하여 영상과 길이를 맞출 때 영상의 길이보다 배경음악의 길이를 2~3초 정도 짧게 맞추면 자연스럽게 영상이 마무리되는 느낌을 연출할 수 있습니다.

만약 하나의 영상 안에 분위기 반전이 있다면 그 타이밍에 맞게 여러 곡을 만들어 넣을 수도 있고, 미리 여러 분위기의 곡을 상이한 길이로 만들어 템플릿처럼 사용하는 등 다양한 방법으로 영상 배경음악을 활용할 수 있습니다.

한 걸음 더

터치만으로 디제잉하기, Live Loops

영상으로 미리보기

아이폰/아이패드용 개러지밴드에는 게임과 같이 즐길 수 있는 디제잉 기능이 있습니다. 아이폰이나 아이패드에서 개러지밴드를 실행한 후 시작 화면인 악기 선택 화면에서 상단에 있는 [LIVE LOOPS] 탭을 터치해 봅니다. 아래와 같이 화면이 바뀝니다.

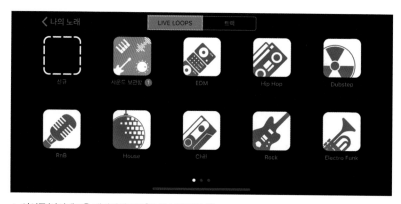

▲ 아이폰/아이패드용 개러지밴드의 [LIVE LOOPS] 탭

장르별로 다양한 디제잉을 할 수 있는 패키지가 30여 개 준비되어 있습니다. 디제잉하려는 장르를 찾아 터치하면 세로 축의 트랙들과 가로 축의 루프 패턴이 표시됩니다.

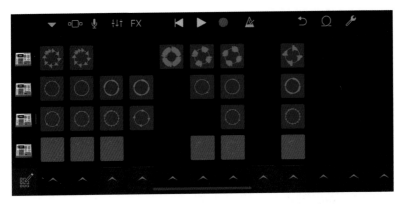

▲ 기본 디제잉 화면

파란색과 노란색 루프들을 하나씩 터치하면서 어떤 소리가 나는지 확인해 봅니다. 각 루프는 서로 어울릴 수 있는 비트에 자동으로 맞추어 재생됩니다. 따라서 박자를 무시하고 눌러도 어울리는 비트로 재생됩니다. 왼쪽의 트랙 목록을 오른쪽으로 스와이프하여 트랙 정보를 확인할 수 있습니다.

▲ 트랙 정보 확인

각 트랙을 음소거하는 스피커 모양의 [Mute] 아이콘과 해당 트랙만 재생하는 헤드폰 모양의 [Solo] 아이콘을 이용하여 원하는 트랙만 선택해서 재생할 수 있습니다. 볼륨 슬라이더로 볼륨을 조절하는 간단한 믹싱도 가능합니다.

루프 영역 아래쪽에 있는 숫자는 해당 열의 모든 트랙을 일괄 재생하는 버튼입니다.

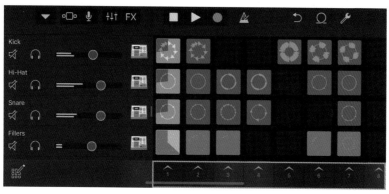

▲ 특정 열 일괄 재생하기

같은 열에 있는 루프들은 이렇게 동시에 재생할 수 있지만 한 트랙에 있는 루프는 동시에 한 개만 재생할 수 있습니다. 위 아이폰 화면에서는 4개의 트랙이 한 번에 보이니, 최대 4개의 루프를 한 번에 재생할 수 있습니다.

순서에 맞게 차례로 재생하는 것만으로도 훌륭한 디제이 연주를 만들어 낼 수 있습니다. 하지만 이 정도 조작만으론 디제잉 기분을 느끼기에는 부족합니다. 상단에 있는 [FX] 버튼을 터치해 보세요. 재생 중인 음색을 세부적으로 조절할 수 있습니다.

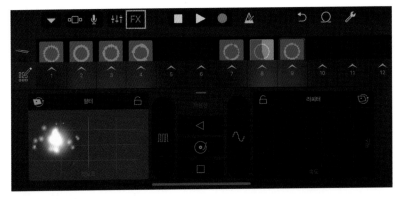

▲ [FX] 실행 화면

또한 양쪽에 배치되어 가로 축과 세로 축으로 조절할 수 있는 필터, 리피터를
직접 스와이프하며 느낌의 차이를 확인해 보세요. 중력 센서로 아이폰을 기울
이는 것으로 같은 효과를 낼 수 있습니다. 청중 앞에서 퍼포먼스가 필요할 때
빛을 발할 수 있는 기능입니다. 중앙의 버튼들은 스크래치, 로우파이 등 턴테
이블에서 이용할 수 있는 기능들입니다. 각 아이콘을 터치하여 그 차이를 경
험해 보세요. 디제잉 게임을 하는 듯한 기분을 느낄 수 있을 것입니다.

PART 3

연주를 가미하여
본격적으로 작곡하기

간단한 배경음악은 음악적 지식과 감각이 조금 부족해도 루프만 조합하면 쉽게 따라 할 수 있었습니다. 하지만 음악에 대해 기본적인 이해를 갖춘다면 어떠한 구성이 왜 더 좋게 들리는지 파악할 수 있게 되고, 더 나은 곡을 완성할 수 있을 것입니다. 무엇보다 자신이 의도한 음악에 가까운 결과물을 만들어 낼 수 있습니다. 이 과정은 조금 지루하고 어려울 수 있지만 결과적으로는 작곡을 더욱 즐겁게 할 수 있는 동기를 부여해 줄 것입니다. 기본적인 음악 이론을 배우고 직접 연주 과정을 거쳐 곡을 완성해 보겠습니다.

▶ 깨알Tip

PART 3에서는 연주를 이용한 편곡을 진행합니다. 그러므로 아이폰/아이패드용 개러지밴드를 기본으로 활용합니다.

PART 3

연주를 가미하여
본격적으로 작곡하기

Chapter 06

작곡을 위해 꼭 알아야 하는 음악 이론

흔히 음악의 3요소는 리듬(Rhythm), 멜로디(Melody), 하모니(Harmony)라고 이야기합니다. 음악 이론을 시작하려면 최소한 이 세 요소가 무엇이며, 어떤 역할을 하는지 이해해야 합니다. 이론 부분이 어렵게 느껴질 수 있지만 아이폰/아이패드용 개러지밴드에서 이후 설명하는 내용에 맞춰 악기를 연주해 보면 더욱 빠르고 재미있게 음악 이론을 배울 수 있을 것입니다. 더 재미있고, 완성도 높은 작곡을 위한 과정이므로 포기하지 말고 차근히 학습을 진행해 봅시다.

리듬

앞서 비트와 BPM^{Beats Per Minute}의 개념을 이해하고 박자의 빠르기에 대한 차이를 알게 되었습니다. 또한 한 마디가 몇 개의 비트로 쪼개지는지에 따라 4/4박자, 3/4 박자, 2/4 박자, 6/8 박자 등으로 나뉘는 것도 배웠습니다. 이제 그 비트를 직접 만들어 보려고 합니다.

비트나 박자의 개념을 파악하고 있으면 여기서 소개할 리듬^{Rhythm}을 파악하기는 그리 어렵지 않습니다. 리듬은 일정한 규칙이나 박자에 의한 흐름을 이야기하며, '박자감'으로 표현하기도 합니다. 리듬을 담당하는 타악기는 일반적으로 음정^{Pitch}을 고려하지 않고 빠르기와 연관된 분위기를 결정하는 역할을 합니다.

🍊 오렌지노 특강 ─────── **드럼의 조율** ─

드럼은 대체로 음정을 고려하지 않는 타악기지만 드럼으로 같은 곡을 라이브로 연주할 때는 그에 맞게 조율을 하기도 합니다. 또한 어떠한 소리든 그에 맞는 주파수가 있으므로 녹음된 드럼을 사용할 때 DAW 기능을 이용하여 조율하기도 합니다.

우리나라에도 사물놀이와 같은 타악기가 있듯, 각 지역의 전통 타악기가 있지만 가장 널리 쓰이는 타악기는 드럼Drum입니다. 드럼의 기본 주법과 함께 리듬 이론을 익혀 보겠습니다.

▶ 드럼 세트

드럼 세트를 이해하려면 아이폰/아이패드용 개러지밴드를 실행하고 악기 선택 화면에서 [드럼 → 어쿠스틱 드럼]을 선택합니다. 다음과 같이 드럼 세트 화면을 확인할 수 있습니다. 만약 아이패드에서 개러지밴드를 사용 중이라면 오른쪽 위에 있는 물음표 모양의 [빠른 도움말]❓을 터치하여 드럼 세트 정보를 확인해 보세요.

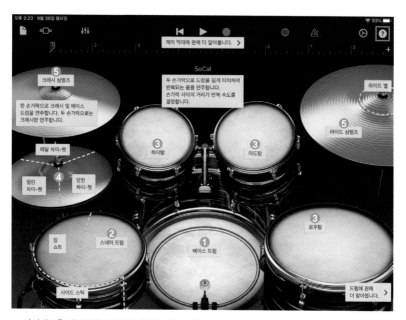

▲ 아이패드용 개러지밴드의 드럼 세트와 빠른 도움말

아이폰용 개러지밴드에서는 도움말을 확인할 수 없으므로 앞의 이미지를 참고하여 어쿠스틱 드럼을 연주하면서 익히면 됩니다. 우선 드럼 세트의 각 위치를 터치하여 소리를 확인해 보고 어떤 차이가 있는지 직접 느끼는 것이 좋습니다. 그런 다음 각 위치의 명칭과 특징, 역할을 확인해 봅니다.

❶ **베이스 드럼**(Bass drum/kick drum): 연주자 아래 위치하고 오른발로 페달을 밟아 소리를 내는 드럼입니다. 가장 낮은 음을 가지고 있으며 베이스 연주와 함께 연주하면 잘 어울립니다.

❷ **스네어 드럼**(Snare drum): 박자를 구성하는 핵심 드럼입니다. 주로 뒷박을 심플하게 연주하여 중심을 잡아 줍니다. 조용한 분위기를 연출할 때 스틱으로 스네어 드럼의 림(Rim, 가장자리)을 치는 사이드 스틱을 활용하고, 림과 면을 한 번에 내려치면 더욱 강한 림 쇼트가 됩니다. 이때 스네어 드럼과 탁한 사이드 스틱이 동시에 나는 소리와 흡사합니다.

❸ **탐**(Toms): 음의 높낮이가 다른 탐들(하이탐, 미드탐, 로우탐)은 주로 다음 패턴으로 넘어가기 전 꾸밈을 채우는 역할을 합니다.

❹ **하이-햇**(Hi-hat): 박자의 기본 비트를 담당하여 일반적으로 모든 비트에 하이-햇을 연주합니다. 퍼지는 소리(열린 하이-햇)가 나지만 페달을 밟으면 닫힌 소리(닫힌 하이-햇)가 나서 적절히 섞어서 사용합니다. 페달을 밟는 것만으로 두 하이-햇이 만나며 작은 소리가 나는데, 이것이 페달 하이-햇입니다.

❺ **심벌즈**(Cymbals): 크래시 심벌즈는 주로 새 패턴을 알리는 시작 소리로 사용되며, 큰 소리로 퍼지기 때문에 클라이맥스에서도 자주 사용합니다. 반면 소리가 작은 라이드 심벌즈는 하이-햇 대용으로 사용할 수 있습니다.

드럼 세트에 대해 나름대로 자세히 설명했지만 직접 연주해 보면서 몸으로 느껴 보기 전까지는 와닿지 않을 것입니다. 먼저 오른손 검지로 베이스 드럼과 스네어 드럼을 번갈아 가며 일정한 간격으로 눌러 봅니다. '쿵짝 쿵짝' 소리가 납니다. 이어서 다음 그림을 참고하여 동시에 왼손 검지로 하이-햇을 같은 타이밍에 연주해 보세요. 보통 처음 연주해 보는 사람이라면 연습이 필요할 정도로 헷갈리기 마련입니다. 비록 손가락으로 터치하는 방식이지만 실제 드럼을 연주하는 느낌은 살릴 수 있지 않나요? 이제 좀 더 본격적으로 드럼을 연주해 보겠습니다.

▲ 하이-햇

▲ 스네어 드럼

▲ 베이스 드럼

영상으로 미리보기

구분	스네어 드럼, 베이스 드럼			하이-햇 + 베이스 드럼, 하이-햇 + 스네어 드럼			
하이-햇				🎵	🎵	🎵	🎵
스네어 드럼		🥁		🥁		🥁		🥁
베이스 드럼	🥁		🥁		🥁	🥁	

▶ 주요 리듬

드럼 세트에서 하이-햇, 스네어 드럼, 베이스 드럼을 기본으로 사용하여 4비트, 8비트 등의 리듬을 연주할 수 있습니다. 탐, 심벌즈는 새로운 분위기로 넘어가기 전에 사용됩니다.

먼저 4비트 기본 박자부터 살펴봅니다. '한 마디를 4개의 비트로 나누어 연주하는 4비트'의 간단한 연주입니다.

구분	4비트 기본 박자			
하이-햇	🥁	🥁	🥁	🥁
스네어 드럼		🥁		🥁
베이스 드럼	🥁		🥁	

왼손 검지는 하이-햇만 연주하고 오른손 검지로 베이스 드럼과 스네어 드럼을 번갈아 가며 연주하는 것이 일반적이고 연주하기 편리한 방법이니, 익숙해질 때까지 연습합니다. 어느 정도 연주에 익숙해지면 템포를 80으로 지정하고, 메트로놈을 켜둔 채 [재생 버튼]을 누르면 나오는 메트로놈 박자에 맞춰 연주해 봅니다.

메트로놈 소리는 비트에 맞게 소리가 나므로, 4비트 연주는 소리가 나는 타이밍마다 하이-햇을 연주한다고 생각하면 됩니다. 박자에 맞춰 틀리지 않고 연주를 할 수 있다면 템포를 100, 120으로 조금씩 빠르게 설정한 후 연습합니다.

▶깨알Tip 화면 오른쪽 위에 있는 스패너 🔧 또는 톱니바퀴 ⚙️ 모양의 [노래 설정] 아이콘을 터치하면 템포 등을 수정할 수 있습니다. 구체적인 방법은 이어지는 Chapter에서 실습하면서 다시 소개하겠습니다.

다음으로 하이-햇만 4비트에서 8비트로 바꿔 봅니다. 하이-햇을 2배로 빠르게 연주하면서 자연스럽게 전체 연주가 2배로 빨라집니다. 2, 4, 6, 8비트는 베이스 드럼, 스네어 드럼 연주와 겹치지 않고 하이-햇만 연주해야 하기에 훨씬 어렵게 느껴질 것입니다. 처음에는 템포 50 정도로 느린 설정으로 연습하고 익숙해지면 점점 템포를 올리며 연습합니다.

구분	8비트 기본 박자							
하이-햇	●	●	●	●	●	●	●	●
스네어 드럼			●				●	
베이스 드럼	●				●			

▶깨알Tip 8비트 이상의 박자로 하이-햇을 연주할 때는 왼손 검지, 중지를 번갈아 가며 연주하는 것이 더 쉽습니다. 이 방법은 일정한 박자를 유지하기에도 좋고 베이스 드럼, 스네어 드럼 박자에 맞추기에도 편리합니다.

8비트 박자를 템포 100 이상의 빠르기에서도 익숙하게 연주할 수 있다면 약간의 변형 연주를 해 봅니다. 하이-햇만 연주하던 6번째 비트에 베이스 드럼을 추가하여 연주하는 것입니다. 한 개의 베이스 드럼이 추가된 것만으로 난이도가 높아지지만 제법 드럼 연주를 하는 느낌이 날 것입니다. 이 리듬은 고고(Go-go)라는 이름의 전형적인 리듬입니다.

구분	8비트 Go-go 박자							
하이-햇	●	●	●	●	●	●	●	●
스네어 드럼			●				●	
베이스 드럼	●				●	●		

8비트 리듬에서 하이-햇을 8비트 모두 연주하고, 스네어 드럼을 3박, 7박에 그대로 둔 채 베이스 드럼의 리듬만 수정하면 다양한 리듬이 나옵니다. 예를 들면 아래와 같은 변형 8비트 리듬을 연주할 수 있습니다.

구분	변형 8비트 박자							
하이-햇	🥁	🥁	🥁	🥁	🥁	🥁	🥁	🥁
스네어 드럼			🥁				🥁	
베이스 드럼	🥁			🥁		🥁		

여기까지 템포 100 이상의 빠르기로 박자에 맞춰 연주할 수 있는 수준이 되었다면 하이-햇 대신 라이드 심벌즈를 연주해 봅니다. 이 경우 오른쪽에 놓인 라이드 심벌즈를 오른손으로 연주하고 베이스 드럼, 스네어 드럼은 왼손 검지로 연주하는 것이 편리합니다. 손가락이 바뀐 것만으로 많이 어려워진 것을 느끼게 됩니다. 이 리듬도 익숙해질 때까지 연습합니다.

이제 개러지밴드 드럼을 게임처럼 즐길 준비가 되었습니다. 좋아하는 음악을 틀어 놓고 박자에 맞춰 드럼 연주를 해 봅니다. 즐겁게 드럼 연주할 수 있는 정도가 되었다면 여러분은 이제 개러지밴드 드러머로 첫 발을 내디딘 것입니다.

아이패드용 개러지밴드를 이용하여 위의 주요 드럼을 연주하는 영상을 보고 비교해 보세요.

Lesson 02

음계와 음정

영상으로 미리보기

개러지밴드에서는 조성^{Key}도 손쉽게 설정할 수 있습니다. 맥용 개러지밴드에서는 기본 C장조로 되어 있는 부분을 클릭하면 장조와 단조, 총 24개의 조성을 선택할 수 있는 목록이 나옵니다. 이는 클래식 음악부터 전해 온 서양식 음계^{Scale} 기준으로, 현재 대부분의 음악의 기준이기도 합니다.

▶ 음계(Scale)

키, 음계, 조성과 같은 말이 어렵게 느껴지나요? 일단 우리 모두가 흔히 알고 있는 '도, 레, 미, 파, 솔, 라, 시'가 바로 C장조 음계^{C Major Scale}입니다. 좀 더 쉽게 설명하기 위해 아이패드용 개러지밴드에서 [키보드]를 선택해서 피아노 건반 화면을 열었습니다. 다음과 같은 음계 표기 방법 중 '도', 'C', 'Do'와 같은 절대 음 표기가 아닌 'I'과 같은 로마 숫자 표기는 Key에 따라 달라지는 표기 방법입니다. C Key에 한하여 C음이 I로 표기됩니다.

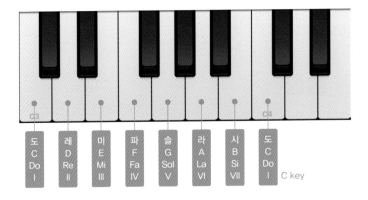

피아노 건반에 표시한 음을 살펴보면 각 음 사이가 모두 일정하지 않다는 것을 알 수 있습니다. 다시 말해 한 음계 안에 흰 건반 사이에 검은 건반이 없는 부분이 있습니다. 바로 미-파, 시-도 사이입니다. 기억을 더듬어 학창 시절 음악 시간을 떠올려 보세요. 음 사이에 검은 건반이 있는 음을 '온음', 검은 건반이 없는 음을 '반음'이라 배운 기억이 있나요?

C장조의 으뜸음인 도부터 흰 건반만 그대로 치는 걸 C장조라고 합니다. 그럼 D장조를 유추해 보세요. 도를 I로 표기하였을 때, 장조는 III-IV 사이, 그리고 VII-I 사이가 반음임을 기억하면 됩니다. D장조는 D의 으뜸음인 레부터 같은 음계를 적용하면 아래와 같이 표기할 수 있습니다.

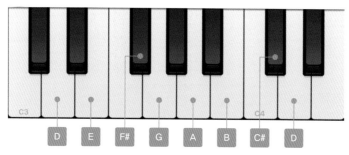

▲ D장조 음계

D장조의 음계는 D, E, F#, G, A, B, C#, D음으로 구성되며, 검은 건반을 표기할 때는 반음 위가 #, 반음 아래가 ♭입니다.

아이폰/아이패드용 개러지밴드에서 악기를 [키보드]로 선택한 후 특정 음계만 편하게 연주할 수 있는 기능이 있습니다. 스패너🔧 또는 톱니바퀴⚙ 모양의 [노래 설정] 아이콘을 터치하고, 설정 화면이 나타나면 조표를 터치하여 다음과 같이 조표 화면에서 D장조로 바꿉니다. 유명한 가요들을 포함한 대부분의 곡이 장조로 구성되어 있으니 단조는 음계 구성이 다르다는 것만 이해하고 넘어갑니다.

‹ 설정		조표			완료
		터치			
C	D♭	D	E♭	E	F
F#	G	A♭	A	B♭	B
장조			단조		

각각의 노래에는 키가 있으며 이 키가 악곡의 중심음과 다른 음의 관계를 정의합니다.

노래 키 따르기　　　　　　　　　　　　　　　　　　　　　　　　　⬤

조옮김 없이 다른 키를 사용하려면 Touch 악기 녹음을 끄십시오. 노래 키 따르기는 오디오 레코더 또는 앰프 녹음에는 영향을 주지 않습니다.

▲ 아이폰/아이패드용 조표 설정 화면

키보드 연주 화면에서 오른쪽 위에 있는 [음계] 🎵 아이콘을 터치해 보면 기본
건반 모드인 '끔' 외에 음계를 선택할 수 있습니다. 위에서 설정한 조표에서 루
트(으뜸음)만 그대로인 채 음계가 바뀝니다. 현재는 D장조로 설정되어 있기
에 D의 음계로 붙습니다.

위와 같은 음계 화면에서 [장조]를 선택하여 D장조 음계로 변경하면 다음과 같
이 D, E, F#, G, A, B, C# 음만 활성화되어 연주하기 편리해집니다.

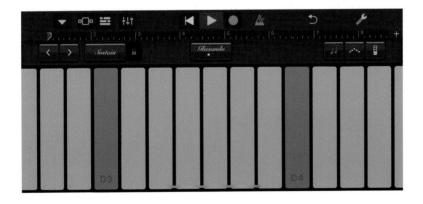

C장조가 아닌 이상 검은 건반을 포함하여 음계를 구성합니다. 피아노 학원 등
의 수업에서는 각 조성에 해당하는 음계를 #, ♭ 개수로 외우게 하는 경우가

많지만 직접 온음과 반음의 관계를 생각하며 연주해 보는 것이 음계를 이해하는 데 더 도움이 됩니다.

곡의 멜로디를 구성할 때 이 음계의 음들을 사용하지만 단조로움을 피하기 위해 의도적으로 여기에 포함되지 않은 음계를 쓰는 경우도 있습니다. 이럴 땐 [음계] 기능을 끈 채 건반에서 연주해야 합니다.

▶ 음정(Interval)

두 개의 음을 동시에 연주할 때 그 음 사이의 간격을 음정Interval이라고 표현합니다. 코드를 이해하기 위해선 음정의 개념을 이해하는 것이 좋습니다.

위 악보는 C장조 음계에서 도(I)와 음계 안의 음들을 하나씩 동시에 연주한 7개의 음정입니다. 이 음정은 온음, 반음 구성에 따라 다른 이름을 가지고 있습니다.

음정의 간격을 세는 개념이 일반적인 수학과 다르기에 이 부분에 먼저 익숙해질 필요가 있습니다. 도(I)와 레(II)는 한 음 사이의 간격을 가지고 있지만, 음정을 셀 때는 도(I) 자신부터 세기 시작해야 합니다. 따라서 이 경우에 도, 레두 개의 음정이기에 2도라고 부릅니다. 또한 검은 건반이 있는 온음 관계이기에 도(I)와 레(II)는 '장2도'라고 부릅니다. 반면에 미(III)와 파(IV) 사이엔 검은 건반이 없는 반음 관계이기에 '단2도'라고 부릅니다.

이렇게 장/단의 이름으로 부르는 음정은 2도, 3도, 6도, 7도가 있습니다. 2도, 3도의 경우 반음 없이 온음으로만 이루어진 경우 장2도, 장3도라 부르고, 반음이 한 개 포함될 때 단2도, 단3도라고 부릅니다.

6도, 7도의 경우 반음이 한 개만 포함될 때 장6도, 장7도라 부르고, 반음이 두 개 포함된 경우 단6도, 단7도라고 부릅니다.

그 외의 1도(같은 음을 의미하기에 생략), 4도, 5도, 8도(옥타브만 다른 같은 음)의 경우 완전, 증, 감으로 부르는데, 4도와 5도는 반음이 한 개만 있을 때 완전4도, 완전5도라 부르고 반음이 없는 경우 증4도, 증5도, 그리고 반음이 두 개인 경우 감4도, 감5도라 부릅니다.

구분	음정	예시
1도	완전1도	C – C
2도	단2도	C – D♭
	장2도	C – D
3도	단3도	C – E♭
	장3도	C – E
4도	완전4도	C – F
	증4도	C – F#
5도	완전5도	C – G
	증5도	C – G#
6도	단6도	C – A♭
	장6도	C – A
7도	단7도	C – B♭
	장7도	C – B
8도	완전8도	C – C

계 이름이 동일한 완전8도를 '한 옥타브 거리가 있다'고 표현합니다. 음의 주
파수로는 2배의 차이가 나는 관계이기에 함께 울렸을 때 편안하게 어울리는
음으로 들립니다.

다시 앞의 그림을 살펴보면 장조의 음계에서 I음과 음계 안의 다른 음을 연주
할 경우 장2도, 장3도, 완전4도, 완전5도, 장6도, 장7도와 같이 장도와 완전
도로만 이루어집니다.

II음과 IV음은 단3도, IV음과 VII음은 증4도임을 이해할 수 있다면 이제 다음
Lesson의 코드로 넘어가도 좋습니다.

아래는 C장조 음계에서 시(IIV)음부터 한 음씩 쌓았을 때의 음계를 표시한 것
입니다.

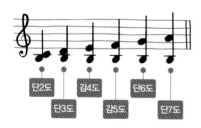

이제 악보를 보고 음정을 읽을 수 있다면, 다음 학습에서 화음을 공부할 수 있
습니다.

화음

영상으로 미리보기

동시에 두 개 이상의 음이 조화롭게 울렸을 때, 이를 화음 또는 코드^{Chord}라 부릅니다. 하나의 일치된 코드로 다른 악기들이 연주되고, 멜로디가 조화를 이루면 편안하게 들리고, 동시에 다른 코드를 연주하거나 코드와 동떨어진 멜로디가 연주되면 불협화음으로 인식됩니다.

오렌지노 특강 ──────── **Real Book**

재즈 연주는 복잡하게 느껴지지만 사실 재즈 교본이라 불리는 리얼북(Real Book) 악보를 보면 멜로디와 코드만으로 구성되어 있습니다. 처음 보는 연주자들이 Jam session 연주(즉흥 연주)를 할 때, 그 곡의 코드를 외우고 있으므로 동시에 같은 코드를 연주하면서 조화롭게 들리는 것입니다. 이렇게 여러 악기로 연주할 땐 동시에 같은 코드를 연주해야만 합니다.

▶ 기본 코드 - 3화음

먼저 기본적인 코드인 3화음을 알아봅니다. 다음은 C장조 음계 안에서 1, 3, 5 / 2, 4, 6과 같이 3도씩 쌓아 올린 것으로 코드 이름은 아래와 같습니다.

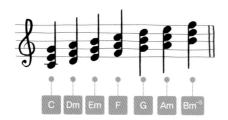

위 3화음 중 시작하는 음인 루트의 음 기호를 제외하면 세 종류의 코드 이름이 있습니다(괄호 안은 I, III의 음정, III, V의 음정을 의미).

- **Major(장3도, 단3도):** C, F, G

- **Minor(단3도, 장3도):** Dm, Em, Am

- **Minor Flatted Fifth(단3도, 단3도):** Bm^{-5}

🍊 오렌지노 특강 ──────────────── 같은 코드, 다른 표기 ─┐

같은 코드를 의미하지만 편의에 따라 다르게 표현되기도 합니다.

C코드를 기준으로 다음과 같이 표현할 수 있습니다.

- **Major(C, E, G):** C, CM, CΔ, Cma, Cmaj
- **Minor(C, E♭, G):** Cm, C−, Cmi, Cmin
- **Augmented(C, E, G#):** C+, Caug
- **Diminished(C, E♭, G♭):** C^0, Cm(♭5), Cdim

아이폰/아이패드용 개러지밴드를 실행한 후 악기 선택 화면에서 [기타 →
Smart Guitar]를 선택해서 실행하면 아래와 같이 8개의 코드가 보입니다. 이
코드들은 일반적으로 세 개의 음으로 이루어진 3화음입니다. 코드의 시작인
루트와 3도 음에 따라 코드 이름이 결정됩니다. Smart Guitar 코드 설정과 관
련해서는 추후 203쪽에서 자세히 알 수 있습니다.

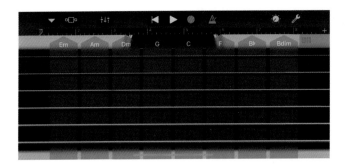

Em, Am, Dm, G, C, F, B♭, Bdim 이 8개의 코드는 아래와 같이 연주됩니다.

이 8개의 코드는 C장조에서 가장 많이 쓰이는 코드를 포함한 구성으로 B♭을
제외한 7개의 코드는 모두 검은 건반을 누르지 않고 연주할 수 있는 코드입니
다. 그런데 순서가 좀 특이하다는 생각이 들 겁니다. C부터 시작하는 것도 아
니고, 악보에서 알 수 있듯 오름차순도 아닙니다. 왜 그럴까요?

▶ 코드 진행 패턴

코드 진행은 잘 어울리는 패턴이 있습니다. 이를테면 G → C처럼 자연스럽게 흘러갈 수 있는 공식과 같이, 다음 코드로 나올 때 어울리는 코드 위주로 진행합니다. 잘 어울리는 코드 진행 패턴에 대해 배워 보겠습니다.

개러지밴드의 Smart 악기에서 기본적으로 보이는 코드 진행을 보면 무엇인가 규칙이 있는 것 같지 않나요? 다시 한번 코드를 자세히 보세요. 7번째 코드인 B♭은 제외한 7개 코드를 보겠습니다.

> # Em, Am, Dm, G, C, F, Bdim

위 코드 진행의 패턴을 읽을 수 있나요? 아직 규칙을 찾기 어렵다면 이 코드 이름을 로마 숫자로 바꿔 보세요.

> # III m, VI m, II m, V, I, IV, VII dim

여전히 눈에 들어오지 않는다면 다시 숫자로 바꿔 보겠습니다.

> # 3, 6, 2, 5, 1, 4, 7

음계에서 7 이후에 1로 순환된다는 점을 고려하면 숫자가 +3씩 증가한다는 걸 알 수 있습니다. 음악의 음정을 세는 방법으로 '4도씩 상향된다'라고 표현합니다. 바로 이 4도 상향 패턴이 대표적인 코드 진행 중 하나입니다.

여기서 의문이 하나 생깁니다. C장조의 대표 코드 진행에서 C코드가 5번째에

오는 이유는 무엇일까요? 1, 2, 3, 4, 5번째 코드를 차례로 눌러 보면 그 해답을 알 수 있습니다. 5개의 코드가 적혀 있는 부분을 순서대로 누르는 것만으로 자연스러운 코드 진행 후 C로 종결된 느낌을 받을 수 있습니다. 개러지밴드를 개발할 당시 UI를 최대한 고려하여 나온 결과로 추정되며, 어떤 조성을 선택하든 5번째에 I도 Major 코드가 위치합니다.

가장 단순하면서도 듣기 좋은 코드 중 하나가 바로 이 4도 상향 코드인데, 특히 마지막이 II – V – I로 끝나는 진행은 상당히 자주 쓰이는 패턴입니다. 개러지밴드 Smart 악기 배열에서는 3, 4, 5번째의 코드를 순차적으로 연주하면 II – V – I 진행이 됩니다. 2, 3, 4, 5번째 코드 4개를 곡의 처음부터 끝까지 반복하여 VI – II – V – I 진행으로 사용해도 좋은 곡을 만들 수 있습니다. 이 코드 진행은 C장조에서는 Am – Dm – G – C가 되며, C로 시작하는 C – Am – Dm – G로 순서를 바꾸면 익숙하게 들어본 코드 진행이 됩니다.

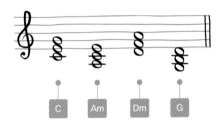

자주 쓰는 위와 같은 코드 패턴을 약간씩 변형하여 활용할 수 있습니다. 3화음에 해당하는 I, III, V 중 루트 I과 코드를 결정짓는 III, 두 음을 그대로 둔 채 VI에 해당하는 음을 추가하면 비슷한 느낌의 코드로 변합니다. 예를 들어, C(C, E, G) 코드를 Am(Am, C, E)으로 바꿔서 사용해도 느낌이 크게 달라지지 않는 것이죠. C(C, E, G) 코드를 Em(E, G, B)으로 바꾸는 식의 변형도 가능합니다. II – V – I 패턴을 그대로 따르되 이와 같은 변형을 거치면 대부분

의 히트곡 코드 패턴을 만들어 낼 수 있습니다.

이런 코드 패턴이 어렵게 느껴지는 것이 당연합니다. 코드 공부는 악기로 꾸준히 연주하며 그 느낌을 제대로 파악하는 데까지 많은 훈련이 필요합니다. 먼저 아이폰/아이패드용 개러지밴드의 Smart 악기 배열 순서를 따르는 것을 기본으로 조금씩 다양한 코드를 연주해 보며 재미를 붙여 보세요.

▶ 7th Chord

일반적으로 3화음만 활용하는 것은 단조로울 수 있어 7th Chord(세븐스 코드)를 활용하는 경우가 많습니다. 3화음이 I, III, V 세 가지 음으로 이루어진 코드라면 7th Chord는 3화음에 VII음을 더하여 I, III, V, VII로 연주합니다. 개러지밴드 Smart 악기 배열을 모두 7th Chord로 바꾸면 아래와 같습니다.

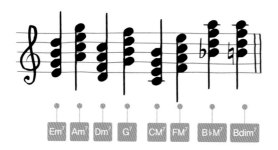

VII음을 추가함으로써 코드 이름에 ^{7}이 추가되었으며 Major 코드에서 두 개의 형태로 나뉘는 것을 볼 수 있습니다. G^7, CM^7 두 코드는 같은 Major 코드였는데 M^{Major}이 포함된 것과 그렇지 않은 것이 있습니다. 7th Chord를 만들 때 I음에서 장7도가 추가되면 Major Seventh Chord$^{메이저 세븐스 코드}$라 부르고 CM^7, $C^{\triangle 7}$과 같이 표기합니다. I음에서 단7도가 추가되면 Dominant

Seventh Chord^{도미넌트 세븐스 코드}라 부르고 C^{7}과 같이 표기합니다.

Em^{7}와 같이 Minor 코드에 장7도를 추가한 7th Chord는 Minor Seventh Chord^{마이너 세븐스 코드}입니다. Bdim^{7}와 같이 Diminished Chord^{디미니시드 코드}에 장6도를 추가한 코드는 Diminished Seventh Chord^{디미니시드 세븐스 코드}라 부르는데 이 코드는 4개 음이 모두 단3도의 음정을 가진 특이한 코드입니다.

이렇게 C장조의 흰 건반만으로 7th Chord를 구성하면 아래와 같은 코드들이 만들어집니다.

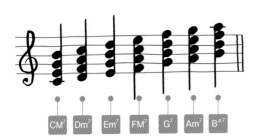

대중가요 악보를 볼 때 이런 7th Chord를 자주 볼 수 있으니 이 코드들이 어떤 음들로 구성되었는지 익혀 두는 것이 좋습니다.

▶ 코드 자리바꿈

코드 중 C/G와 같이 표시된 것을 본 적 있나요? 코드를 연주할 때 가장 낮은 음은 루트로 연주합니다. C코드에서는 C음이 가장 낮은 음이 되어야 하는 것이죠. 하지만 C/G는 C코드를 연주하되, 루트인 C 대신 G음을 가장 낮은 음으로 연주합니다. C, E, G로 연주하는 대신 G, C, E로 연주하는 것입니다. 코드 성격은 바뀌지 않지만 가장 낮은 음만 바꾸는 코드입니다.

그렇다면 코드 자리바꿈은 왜 하는 걸까요? 개러지밴드 Smart 악기의 코드 진행 중 Em – Am – Dm – G – C 패턴을 다시 보겠습니다.

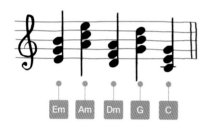

코드들이 들쭉날쭉 흘러간다는 느낌이 있어 다소 부자연스럽게 들릴 수 있는데 같은 코드 내에서 자리바꿈을 하는 것만으로 비슷하게 흘러가는 모습을 볼 수 있습니다.

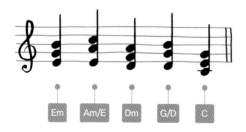

이렇게 두 개의 코드 자리바꿈을 한 것만으로 코드의 음들이 비슷하게 흘러가는 것으로 바뀝니다.

▶ 그 밖의 코드들

7th Chord를 기준으로 Major Seventh Chord, Dominant Seventh Chord, Minor Seventh Chord, Diminished Seventh Chord를 배웠습니다. 하지만 대중가요 악보에 있는 모든 코드를 알기엔 부족합니다. 그 밖의 코드들의 음 구성만 간단히 파악하고 넘어가겠습니다.

C코드 기준

C코드를 기준으로 정리하면 아래와 같습니다.

- 메이저 식스스 코드(Major Sixth Chord / C^6, CM^6, $Cmaj^6$): C, E, G, A

- 어그먼트 세븐스 코드(Augmented Seventh Chord / $C+^7$, $Caug^7$): C, E, G#, B♭

- 마이너 식스스 코드(Minor Sixth Chord / Cm^6, $Cmin^6$): C, E♭, G, A

- 마이너 메이저 세븐스 코드(Minor-major Seventh Chord / CmM^7, Cm/M^7, $Cm(M^7)$, $Cminmaj^7$, $Cmin/maj^7$, $Cmin(maj^7)$): C, E♭, G, B

- 하프 디미니시드 세븐스 코드(Half-diminished Seventh Chord / $C^ø$, $C^{ø7}$): C, E♭, G♭, B♭

- 애드 나인(Add Nine / C^9, C^{add9}): C, E, G, D

- 애드 포스(Add Fourth / C^4, C^{add4}): C, E, G, F

- 서스 투(Suspended Second / C^{sus2}): C, D, G

- 서스 포(Suspended Fourth / C^{sus4}): C, F, G

텐션 코드

7th Chord 이상의 9th, 11th, 13th Chord를 텐션 코드라 부르고, 세련된 곡을 만들기 위해 사용되지만 제대로 알고 사용하지 않으면 자칫 불협화음으로 들릴 수 있습니다.

- 도미넌트 나인스 코드(Dominant Ninth Chord / C^9): C, E, G, B♭, D

- 도미넌트 일레븐스 코드(Dominant Eleventh Chord / C^{11}): C, E, G, B♭, D, F

- 도미넌트 서틴스 코드(Dominant Thirteenth Chord / C^{13}): C, E, G, B♭, D, F, A

개러지밴드 코드 설정 변경

개러지밴드 Smart 악기를 실행한 후 다음과 같은 방법으로 화음을 원하는 코드로 변경할 수 있습니다. 위 목록에 있는 모든 코드는 아래와 같은 방법으로 변경할 수 있으므로 원하는 코드로 변경하여 연주해 보길 바랍니다.

- **아이패드용 개러지밴드:** 오른쪽 위에 있는 스패너 또는 톱니바퀴 모양의 **[노래 설정]** 아이콘을 터치한 후 **[화음 편집]**을 선택합니다.

- **아이폰용 개러지밴드:** 오른쪽 위에 있는 톱니바퀴 모양의 **[노래 설정]** 아이콘을 터치한 후 **[노래 설정 – 화음 편집]**을 선택합니다.

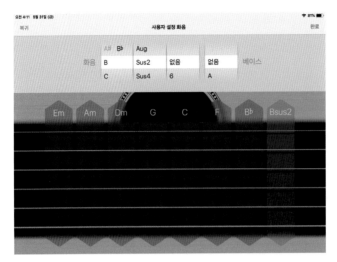

▲ 아이패드용 개러지밴드 화음 편집 화면

Chapter 07

'Happy birthday to you'에
코드 입히기

힘겨웠을 음악의 기초 지식을 넘고, 수많은 연습으로 어느 정도 음악에 대한
감을 익혔나요? 최대한 흥미롭게 구성하고자 했지만 전문 지식이라 다소 지
루하고 어려웠으리라 생각됩니다. 이제 다시 실습으로 돌아와 재미있게 음악
을 만들어 볼 차례입니다. 리듬, 코드, 멜로디를 직접 만들어 보기 전에 알려진
곡의 편곡 과정을 경험하며 그 감각을 쌓아 보겠습니다. 연습을 위해 작업할
곡은 생일 축하곡 'Happy birthday to you'입니다.

Lesson 01

기본 설정

애플 루프가 아닌 직접 연주하여 곡을 만드는 과정에서 맥용 개러지밴드는
MIDI 입력이 가능한 별도의 마스터 키보드가 필요합니다. 하지만 아이폰/아
이패드용 개러지밴드에서는 터치 기반 도구의 장점을 살려 실제와 가깝고, 더
쉽게 연주할 수 있는 환경이 구성되어 있기에 이번 Lesson에서는 아이폰/아
이패드용 개러지밴드를 주로 활용할 것입니다.

▶ 아이폰/아이패드용 개러지밴드 메뉴 구성

기본적으로 아이패드와 아이폰은 비슷한 UI로 구성되어 있습니다. 하지만 화
면 크기가 달라 아주 미묘한 차이가 있습니다. 상대적으로 작은 아이폰 화면
에서 한두 단계를 더 거쳐야 아이패드와 같은 설정을 할 수 있는 기능들이 있
습니다. 하지만 한두 단계를 더 거칠 뿐 결과 화면은 동일하므로 아이패드용
개러지밴드를 기준으로 설명하되, 아이폰과 차이가 있는 부분을 부연 설명하
는 방식으로 소개하겠습니다.

아이패드에서 개러지밴드를 실행하면 최근 작업물 중 선택하여 불러올 수 있는 화면이 나옵니다. 여기서 기존 프로젝트를 선택해서 열거나 오른쪽 위에 있는 [+]를 터치해서 새로운 프로젝트를 시작할 수 있습니다. 아직 작업한 곡이 없다면 이 부분이 비어 있어 바로 악기 선택에서 새 프로젝트를 만들게 됩니다.

▲ 최근 작업물 선택 화면

새 프로젝트를 시작하려면 먼저 작업할 악기를 선택합니다. 악기를 먼저 선택한 후 악기 입력 방식(코드 연주, 음 연주, 음계상 연주 등의 차이)을 고를 수 있습니다. 선택할 수 있는 악기는 크게 키보드, 드럼, 기타, 베이스, 스트링, 세계 악기 등이 있으며, 악기 구분에 따라 세부적인 옵션이 있습니다.

▲ 악기 선택 화면

악기를 선택하고 나면 선택한 악기와 옵션에 따라 연주 화면이 표시됩니다. 아이패드용 개러지밴드라면 맥용 개러지밴드와 동일하게 오른쪽 위에 있는 [빠른 도움말] 버튼을 터치하여 다음과 같이 세부적인 사용 방법과 기능을 빠르게 파악할 수 있습니다. 충분히 활용하여 기능에 익숙해지도록 합니다.

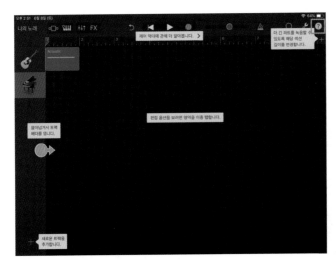

▲ 트랙 화면의 빠른 도움말

아이폰/아이패드용 개러지밴드에서도 애플 루프를 믹싱하여 곡을 만들 수 있습니다. 하지만 처음부터 빈 트랙 작업 공간을 열 수 없습니다. 선택한 악기로 최소한 한 음이라도 녹음한 후라야 트랙 편집 화면을 열 수 있습니다. 그러므로 제어 막대에 있는 [녹음] 버튼을 터치하여 녹음을 시작하고 연주를 시작합니다. 연주가 끝나면 [정지] 버튼을 터치하면 됩니다.

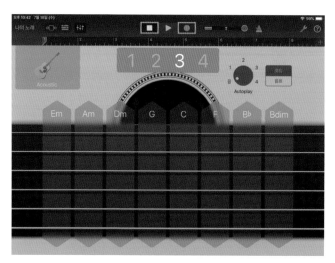

▲ 녹음 시작 전 카운트다운

트랙 편집은 맥용 개러지밴드와 유사하므로 지난 PART 2를 실습했다면 어렵지 않게 적응할 수 있습니다. 하지만 아래의 트랙 편집 화면에서 보다시피 상단 메뉴들은 맥용 개러지밴드와 다소 차이가 있습니다.

▲ 트랙 편집 화면

제어 막대

아이폰/아이패드용 개러지밴드를 자유롭게 사용하려면 제어 막대에서 각 버튼의 기본 기능을 파악해야 합니다. 일부 기능은 버튼을 누른 채로 기다리면 해당 항목을 선택할 수 있습니다.

① **악기 선택: [악기 선택]** 버튼을 터치하면 악기 선택 화면으로 돌아갈 수 있습니다. 기존에 작업한 악기는 트랙에 남고 새로운 트랙에서 사용할 악기를 선택합니다. 아이폰과 달리 아이패드에서는 해당 버튼을 길게 누르고 있으면 악기 목록이 표시되어 좀 더 수월하게 원하는 악기를 선택할 수도 있습니다.

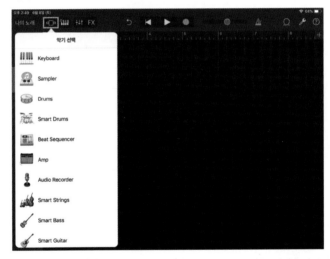

▲ 아이패드 악기 선택 목록

② **트랙/악기 화면 전환:** 트랙 편집 상태에서는 직전에 사용한 악기로 돌아갈 수 있는 버튼이 표시되고, 악기 연주 상태에서는 트랙 버튼이 표시되어 상태를 전환할 수 있습니다. 아이패드용 개러지밴드에서 트랙에 배치된 악기가 두 개 이상일 때, 악기 연주 상태에서 트랙 버튼을 길게 누르면 다음과 같이 트랙 선택 창이 나타납니다. 여

기서 연주할 다른 악기로 빠르게 이동할 수 있습니다. 만약 트랙 편집 상태라면 연주할 악기를 두 번 터치하여 해당 악기 연주 상태로 전환할 수 있습니다.

▲ 트랙 선택 창

❸ **트랙 제어기:** 맥용 개러지밴드의 트랙 편집기와 유사한 기능으로 연주 전 음색을 보정할 수도 있고, 모든 악기를 연주한 뒤에 악기들의 밸런스를 맞춰가며 수정할 수 있는 기능입니다. 아이폰용 개러지밴드에서는 오른쪽 위에 있는 **[노래 설정]**을 터치한 후 **[트랙 제어기]**를 터치합니다.

❹ **FX:** 터치 기반의 특성을 살린 특수효과로, 필터, 리피터, 뒤로 재생, 스크래칭 등을 활용하여 곡을 믹싱할 수 있습니다.

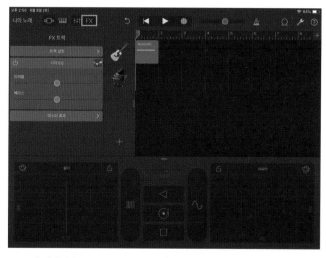

▲ 트랙 제어기와 FX 창

❺ **재생 제어 버튼 & 마스터 볼륨:** 맥용 개러지밴드와 유사한 재생 제어 버튼과 마스터 볼륨을 제어할 수 있는 슬라이더입니다.

⑥ **메트로놈:** 녹음 시 메트로놈 사용 여부를 선택할 수 있습니다.

⑦ **루프 브라우저:** 트랙 화면에서만 표시되는 버튼
으로 맥용 개러지밴드와 유사하게 악기, 장르, 설
명 필터를 적용할 수 있으며, 원하는 루프를 드
래그하여 트랙에 넣을 수 있습니다.

▶️ **깨알Tip** 아이폰용 개러지밴드에서는 원하는 루프를
길게 터치하고 있으면 트랙 화면으로 옮길 수 있습니다.

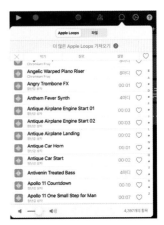

애플 루프 목록 ▶

⑧ **노래 설정:** 템포, 박자표, 조표 등의 편집 메뉴가 나타
납니다. 아이폰에서는 **[노래 설정]**을 터치하면 표시됩
니다.

▶️ **깨알Tip** 노래 설정에 있는 세부 옵션은 http://bit.ly/
garagesetup에서 자세히 확인할 수 있습니다.

▶️ **깨알Tip** **아이폰/아이패드용 개러지밴드**
아이폰과 아이패드에서 각각 개러지밴드를 실행해 보면 메뉴의 위치가 조금씩 다르지만 기능에는 차이가
거의 없습니다. 2019년 집필하는 시점에서 2.3.7 버전을 사용할 수 있으며, iOS 기기에 따른 메뉴 위치 차
이는 실습 중에 설명하겠습니다.

▶ 아이폰, 아이패드, 맥에서 프로젝트 공유하기

아이패드/아이폰용 개러지밴드와 맥용 개러지밴드를 모두 사용하면 아이클라우드iCloud나 에어드롭AirDrop을 이용해 작업 중인 프로젝트를 쉽게 주고받을 수 있습니다. 아이폰/아이패드용 개러지밴드로 연주하여 녹음한 곡을 맥용 개러지밴드로 보내서 세부 편집과 믹싱 등 후반 작업을 할 때 편리합니다.

아이클라우드로 공유하기

먼저 아이폰/아이패드용 개러지밴드에서 곡을 작업했다고 가정하고 작업한 곡을 아이클라우드에 등록하여 연동된 기기들에서 사용하는 방법입니다.

01 아이패드 기기의 메인 **[설정]**을 터치하여 설정 화면으로 이동한 후 왼쪽 애플리케이션 목록에서 **[GarageBand]**를 찾고 오른쪽 옵션에서 GARAGEBAND 접근 허용 영역의 **[도큐멘트 저장 공간]**을 **[iCloud Drive]**로 설정합니다. 이제 작업하는 곡을 자동으로 아이클라우드에 공유하게 됩니다.

02 이렇게 아이클라우드에 공유된 작업물은 다른 애플 기기에서 아이클라우드를 이용
해 개러지밴드로 불러올 수 있습니다. 만약 아이클라우드에 저장되지 않은 프로젝트
가 있다면 개러지밴드의 작업물 목록에서 옮길 프로젝트를 길게 누른 후 [이동]을 터
치합니다.

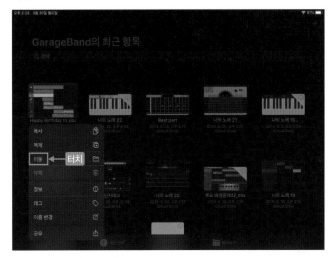

03 다음과 같이 저장할 저장소 선택 화면이 열리면 [iCloud Drive]를 선택한 후 하위 폴
더를 선택하여 프로젝트를 옮길 수 있습니다.

에어드롭으로 공유하기

에어드롭 기능을 이용할 때도 원하는 프로젝트를 길게 터치한 후 [공유]를 터치합니다. 다음과 같이 에어드롭 기능으로 다른 기기와 공유할 수 있습니다. 포맷은 [노래], [벨소리], [프로젝트]가 있는데 [노래]는 편집이 불가능한 오디오 파일로 보내는 기능이라 완성곡에만 사용합니다. 벨소리로도 저장이 가능하지만 주로 프로젝트를 공유하여 편집 작업을 진행할 것이라면 [프로젝트]를 선택해야 합니다.

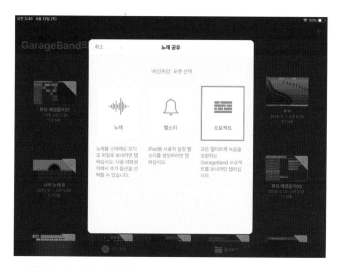

▲ 에어드롭 공유 포맷 선택 화면

공유할 프로젝트와 포맷을 선택하면 이제서야 어떤 기기로 공유할지 선택합니다. 다음과 같이 에어드롭으로 연결된 다른 기기가 표시되면 선택해서 공유할 수 있습니다.

▶️ 깨알Tip 아이폰/아이패드용 개러지밴드와 맥용 개러지밴드의 프로젝트 파일은 서로 다른 방식으로 저장되어 기본적으로는 상호 호환이 되지 않습니다. 다만 아이폰/아이패드용 개러지밴드에서 작업한 프로젝트를 맥용 개러지밴드에서 불러오면 자체적으로 맥용 프로젝트 파일로 변환하여 호환됩니다. 반대로 맥용 개러지밴드에서 작업한 프로젝트 파일을 그대로 아이폰/아이패드용 개러지밴드로 불러올 수는 없고, 메뉴 막대에서 [공유 – iOS용 GarageBand 프로젝트]를 선택해 변환 추출해야 합니다.

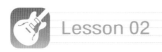

드럼 넣기 – 비트 프리셋 활용

영상으로 미리보기

이제 단순 믹싱이 아니라 본격적으로 연주를 가미하여 하나의 완성된 곡을 만들겠습니다. 누구나 아는 익숙한 노래이면서 저작권도 자유로운 곡인 'Happy birthday to you'를 편곡하면서 개러지밴드로 어떻게 곡을 만들 수 있는지 그 과정을 상세하게 알아보는 시간입니다. 과정을 살펴보기 전에 영상으로 먼저 확인해 보세요.

> 🍊 **오렌지노 특강** ──────── **'Happy birthday to you'의 저작권 소송** ┐
>
> 우리가 흔히 생일 축하곡으로 부르는 'Happy birthday to you'는 미국의 워너/차펠(Warner/Chappell)이 저작권을 가지고 있었습니다. 하지만 이 곡이 여전히 저작권 보호를 받고 있는지에 대한 의문이 제기되며 집단 소송으로 이어졌습니다. 2016년, 로스앤젤레스에서 이 곡의 저작권이 공개(Public domain)되었다는 판결과 함께 그동안 지불된 라이선스 비용 1,400만 달러를 돌려주면서 저작권에서 자유로운 곡이 되었습니다.
>
> • 관련 기사: http://bit.ly/jeigarage, http://bit.ly/jeigarage2

이 곡은 3/4 박자 곡으로 흔한 박자가 아니니 연습용으로 적당하지 않습니다. 따라서 4/4 박자로 편곡하여 사용할 겁니다. 3박자의 곡을 4박자로 바꾸는 방법 중 가장 간단한 방법으로, 비어 있는 하나의 박을 추가하겠습니다.

▶ 드럼 연주 세팅하기

01 개러지밴드에서 제공하는 프로 드러머의 가상 세션을 사용하는 것이 쉽지만 다양한 방법을 익히기 위해 직접 연주하여 추가합니다. 우선 아이패드에서 개러지밴드를 실행하고 악기 선택 화면에서 [드럼 → 어쿠스틱 드럼]을 선택합니다.

02 기본으로 표시되는 드럼 세트를 사용해도 되지만 개러지밴드에 포함된 다양한 드럼 소리를 들어 보고 마음에 드는 드럼 세트를 선택하는 것이 좋습니다. 화면 중앙에 있는 드럼 세트의 이름(기본 SoCal)을 터치하면 다른 음색의 드럼 세트로 변경할 수 있습니다. 메뉴를 이용하거나 드럼 세트 이름 부분을 좌우로 스와이프하여 다음 드럼 세트로 전환할 수 있습니다. 가급적 많은 음색의 드럼을 직접 연주해 보고 경쾌하고 밝은 느낌의 드럼 세트를 찾아서 선택합니다.

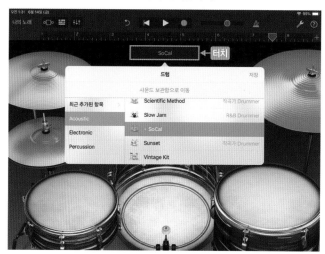

▶ 깨알Tip 아이폰용 개러지밴드에서는 왼쪽 위에 있는 삼각형 버튼을 터치하면 현재 사용 중인 드럼 세트 이름이 표시되며, 이 이름을 터치하여 드럼 세트 종류를 변경할 수 있습니다.

03 아이폰/아이패드용 개러지밴드는 화면을 터치하는 강도에 따라 벨로시티(음량)가 다르게 표현됩니다. 하지만 개러지밴드를 입문하는 단계라면 강도를 제어하면서 연주할 정도의 연습이 되어 있지 않기에 오히려 부자연스러운 결과가 나올 수 있습니다. 따라서 이 기능을 끄고 동일한 벨로시티로 녹음한 뒤 편집하는 것이 좋습니다. [트랙 제어기] 버튼을 터치한 후 [트랙 설정] 항목을 터치해서 펼칩니다.

04 트랙 설정 항목 중 [벨로시티 감도]를 터치해 보면 감도가 [중간]으로 기본 설정되어 있습니다. 이 옵션을 [끔]으로 변경합니다.

▶ 드럼 연주 녹음하기

01 이제 연주를 시작하겠습니다. 본격적인 녹음에 앞서 지난 Chapter에서 배운 음악
이론 중 드럼 비트에서 소개한 8비트 박자(Go-go)를 활용합니다. 경쾌한 느낌을
위해 템포를 [120]으로 수정하고 메트로놈을 켠 후 제어 막대에서 **[재생 버튼]**을 누
릅니다. 그 상태로 아래 악보를 틀리지 않고 연주할 수 있을 때까지 반복해서 연습
합니다.

하이-햇	●	●	●	●	●	●	●	●
스네어 드럼			🥁				🥁	
베이스 드럼	🥁				🥁	🥁		

02 박자에 맞게 능숙한 연주가 가능한 수준이 되었다면 이제 녹음을 시작합니다. 제어
막대에서 **[처음으로 이동 버튼]**◀을 터치하여 재생헤드를 처음으로 옮긴 후 **[녹음 버
튼]**●을 터치하면 설정한 120 템포에 맞게 가이드 비트가 4번 나온 뒤 녹음이 시작
됩니다. 녹음 중 연주가 틀렸다면 멈춘 뒤 **[되돌리기 버튼]**↩을 터치하여 녹음을 다
시 시작합니다. 이렇게 완벽하게 1마디를 녹음했다면 **[트랙/악기 화면 전환 버튼]**▦
을 터치하여 트랙 화면으로 전환합니다.

03 트랙 화면에는 다음과 같이 녹음한 1마디의 드러머 트랙이 표시됩니다. 이제 녹음한
   것을 정확한 박자에 맞게 조정하는 퀀타이즈 기능을 사용해 보겠습니다. 벨로시티
   설정과 마찬가지로 [트랙 제어기]■를 터치한 후 [트랙 설정 → 퀀타이즈]를 터치합니
   다. 다음과 같이 퀀타이즈 옵션이 펼쳐지면 [스트레이트] 탭에서 [8분음표]를 선택합니
   다. 이제 8비트의 정확한 리듬으로 변합니다. 단 최초 녹음할 때 박자가 다소 어긋난
   경우 의도와 다르게 퀀타이즈 기능이 전혀 다른 방향으로 작동할 수 있습니다. 그러
   므로 녹음할 때 최대한 정확한 리듬을 지켜야 합니다.

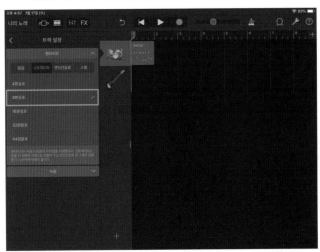

▶깨알Tip   이 연주에서 한 마디를 8비트로 나눈 정확한 타이밍으로 보정하기 위해 8분음표를 사용
했으며, 4비트 연주 시엔 4분음표를 사용하는 등 사용된 가장 빠른(숫자가 높은) 음표 기준에 맞게 퀀
타이즈를 적용합니다. 이러한 드럼 연주 녹음 및 보정 과정은 드럼뿐 아니라 모든 악기에 반복적으로
수행해야 하는 기능이므로 잘 숙지해 두세요.

▶ 녹음 편집하기

01 트랙 화면의 작업 공간에서 녹음된 1마디를 터치합니다. 다음과 같이 상단에 메뉴 팝 업이 열리면 이 중에서 [편집]을 터치합니다.

02 연주 노트 화면이 표시됩니다. 16개의 드럼 세트 소리들이 어떤 타이밍에 연주되었 는지 보여 주는 화면입니다. 편집을 용이하게 하기 위해 작업 공간을 두 손가락으로 벌려서 넓게 표시합니다.

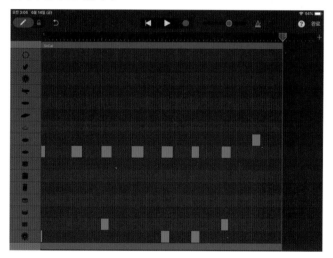

03 벨로시티 감도를 끈 상태이므로, 모두 100으로 설정되어 있으며 벨로시티는 0부터 127까지 설정할 수 있습니다. 드럼 노트에서 초록색으로 표시되는 각 노트를 터치하 여 수정할 수 있습니다. 먼저 수정을 원하는 노트를 터치해 보면 메뉴 창이 열립니다. 여기서 [벨로시티]를 터치합니다.

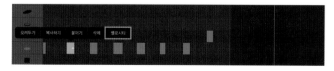

04 벨로시티 조절 막대가 표시됩니다. 수치 값이 정확하게 표시되지는 않으므로 최솟값이 0, 최댓값이 127이라는 것을 염두에 두고 적절히 조절합니다. 과도한 음량으로 조화를 깨지 않게 하기 위해 기본으로 설정되어 있는 100은 넘지 않도록 합니다.

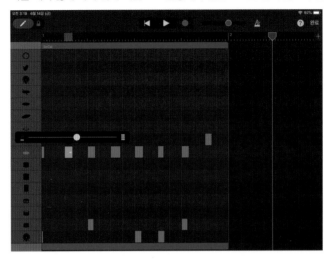

05 하이-햇의 8비트 박자는 벨로시티를 '90 – 75 – 90 – 75 – 90 – 75 – 90 – 75' 정도로 수정합니다. 2, 4, 6, 8비트를 조금 약하게 연주하면서 보다 자연스러운 흐름으로 들리게 할 수 있습니다. 정확히 맞출 수 없어도 조금씩 다르게 들어가는 것이 더 자연스럽기에 걱정하지 않아도 됩니다. 베이스 드럼은 6번째 비트의 벨로시티만 60 정도로 줄입니다. 이제 **[완료]** 버튼을 눌러 트랙 편집 화면으로 돌아갑니다

06 트랙 화면으로 돌아온 후 작업 공간에서 연주를 터치하여 메뉴를 호출하고 **[루프]**를 터치하면 다음과 같이 8마디가 모두 같은 비트로 채워집니다. 이렇게 기본 드럼 비트를 채웠습니다.

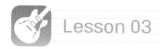

베이스 넣기

리듬이 완성되었으니 이제 음을 쌓을 차례입니다. 음계에 검은 건반이 없어 가장 쉽게 연주할 수 있는 C장조로 베이스를 먼저 추가합니다. 'Happy birthday to you'는 단순한 코드 진행으로 이루어진 곡입니다.

하지만 이번 편곡에는 좀 더 세련된 코드 진행으로 바꾸어 만들겠습니다. 코드를 아래와 같이 편곡해 봅니다.

이 악보를 마디, 비트 흐름으로 이해하기 쉽도록 도식으로 변환하면 아래와 같습니다(멜로디가 먼저 들어가는 맨 앞 1마디는 생략). 작은 칸 하나가 비트를 의미하며 색으로 구분된 4비트가 한 마디입니다.

C			G^7			FM^7		G	Am^7		

Em^7			Am^7			Dm^7			G^7	C	

▶ 베이스 연주 세팅하기

01 Smart 악기에서 위와 같이 코드 사용을 할 수 있도록 화음 편집을 진행하겠습니다. 앞서 드럼 연주를 진행한 프로젝트에서 악기 선택 화면으로 이동하여 [베이스 → Smart Bass]를 터치합니다.

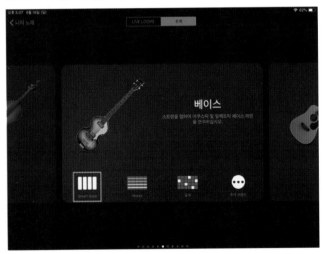

02 오른쪽 위에 있는 [**노래 설정**]을 터치한 후 조표가 [**C장조**]로 되어 있는지 확인합니다. 아니라면 C장조로 변경합니다. 이어서 [**화음 편집**]을 터치합니다.

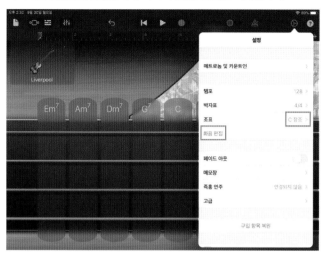

03 사용자 설정 화음 화면이 나오면 이 곡에서 사용할 7개의 코드를 등록하겠습니다. 사용자 설정 화음은 4개의 선택 항목으로 구성되어 있습니다. 왼쪽부터 루트, 코드 성격 (Major, minor 등), 텐션 표현 그리고 마지막으로 베이스 음을 선택합니다.

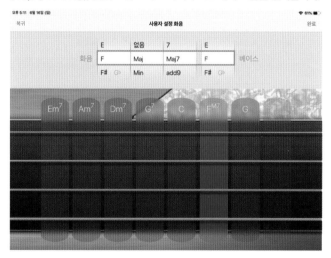

04 왼쪽부터 각 코드를 선택한 후 위 이미지와 아래 표를 참고하여 설정하고 [완료]를 터치합니다.

코드	루트	코드 성격	표현	베이스 음
Em⁷	E	min	7	E
Am⁷	A	min	7	A
Dm⁷	D	min	7	D
G⁷	G	Maj	7	G
C	C	Maj	7	C
FM⁷	F	Maj	없음	F
G	G	Maj	7	G
없음	없음	없음	없음	없음

──── 🍊 오렌지노 특강 ──── **베이스 코드를 하나씩 입력하는 이유**

코드의 루트를 베이스로 입력하지 않더라도 기본적으로 그 루트가 베이스가 됩니다. 그럼에도 위와 같이 아이폰/아이패드용 개러지밴드 Smart 악기 화음 편집에서 베이스와 루트를 모두 맞추는 이유는 특히 베이스 연주 시 연주할 수 있는 가장 낮은 음이 루트가 되게 하기 위함입니다.

베이스를 별도로 설정하지 않으면 개러지밴드에서 자체적으로 판단한 코드의 음 중 하나가 무작위로 가장 낮은 음으로 표현됩니다. 그러므로 가장 낮은 음을 베이스 음으로 바꿔 주기 위해 이 작업은 반드시 거쳐야 합니다.

필자 의견으로는 루트를 베이스로 지정하지 않더라도 가장 낮은 음을 베이스 음으로 넣어 주는 설정으로 개러지밴드 기능이 수정되어야 한다고 생각합니다.

▶ 베이스 연주 녹음하기

01 우선 베이스 음색부터 바꿉니다. 왼쪽 위에 있는 악기 이름을 터치하여 [P–Bass]로
변경합니다. 각 악기를 선택해서 음색을 들어 보고 더 마음에 드는 다른 베이스를 선
택해도 무방합니다.

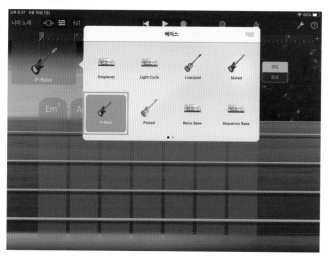

02 루트와 베이스를 일치시키는 작업은 앞서 진행했으므로, 4현 중 가장 아래 있는 현만
비트에 맞게 누르는 방식으로 연주하겠습니다.

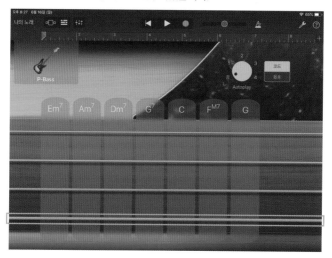

03 다시 코드 표를 확인해 봅니다. 코드 진행을 외우기 전까지는 Smart 악기에 입력한 코드 순서로 외우는 것이 편할 것입니다. 코드를 입력한 7개의 코드 순서로 바꾸고, 5, 6마디에 음을 추가한 베이스 연주표를 참고합니다.

C			G⁷			FM⁷		G	Am⁷		
Em⁷			Am⁷			Dm⁷			G⁷	C	

▲ 코드로 표현한 연주표

1마디		2마디		3마디		4마디	
5		4		6	7	2	

5마디		6마디		7마디		8마디	
1	1	2	2	3	4	5	

▲ 코드를 순서로 바꾼 연주표

04 우선은 연습을 위해 [재생 버튼]을 터치한 후 드럼 비트에 맞게 위와 같은 순서로 가장 낮은 현만 터치해서 연주합니다. 3, 5, 6, 7마디의 4번째 비트 연주가 어렵다면 생략한 채로 연습하여 익숙해진 후 다시 모든 코드를 연습하는 방법으로 진행합니다.

05 틀리지 않고 박자에 맞게 코드 연주를 할 수 있게 되었다면 녹음을 시작합니다. 드럼을 녹음했을 때와 마찬가지로 재생헤드를 맨 앞으로 옮긴 후 [녹음] 버튼을 누르고 베이스를 연주합니다. 녹음을 마친 후 트랙 화면으로 전환하면 다음과 같이 드럼에 이어 베이스 루프까지 추가된 것을 확인할 수 있습니다.

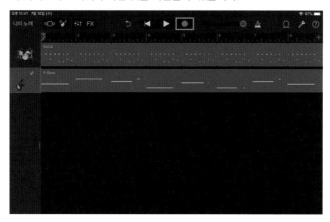

▶️ 깨알Tip ▶ 드럼 비트가 들어 있으므로 이번에는 메트로놈을 꺼 둔 채로 녹음하면 됩니다. 또한 드럼 녹음 실습을 떠올려 트랙 설정의 퀀타이즈를 스트레이트 4분음표로 지정하면 정확한 박자로 녹음됩니다.

06 트랙 화면에서 베이스 루프를 터치한 후 메뉴에서 [편집]을 터치한 후 다음과 같이 표시되었다면 제대로 연주하여 녹음한 것입니다.

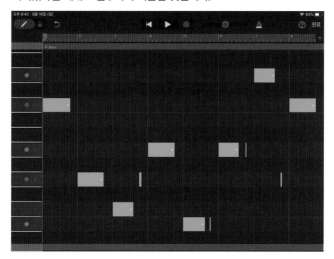

07 연주된 음들 중 4번째 비트에 짧게 들어간 음들은 벨로시티를 낮춰 더욱 자연스러운 연주로 만듭니다. 이로써 베이스의 기본 연주 녹음까지 완료되었습니다.

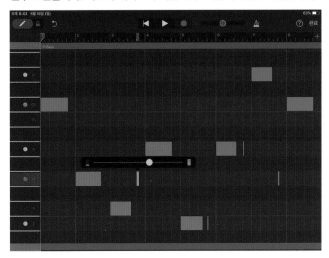

▶️ 깨알Tip 벨로시티 설정 방법은 190쪽을 참고하세요.

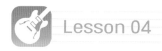

Lesson 04

기타 코드 넣기 – AutoPlay

드럼, 베이스에 이어 어쿠스틱 기타 연주를 추가하겠습니다. 아이폰/아이패드용 개러지밴드의 Smart 악기에는 Autoplay라고 하는 자동 연주 기능이 포함되어 있습니다. 이러한 자동 연주 기능을 이용하면 좀 더 쉽게 연주를 추가할 수 있겠지요? 악기별로 네 가지 패턴의 Autoplay가 있으므로, 어쿠스틱 기타 연주는 이 기능을 이용해 보겠습니다.

01 베이스 녹음까지 마친 프로젝트에서 악기 선택 화면으로 이동하여 [**기타 → Smart Guitar**]를 선택합니다.

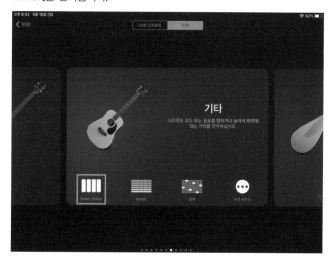

02 어쿠스틱Acoustic 기타 연주 화면이 표시되며 베이스에서 설정한 코드가 그대로 표시
되는 것을 확인할 수 있습니다. 코드에 맞게 6개 현을 이용하여 연주해 보면서 녹음
하기 전에 악기와 친해지는 시간을 가져 봅니다.

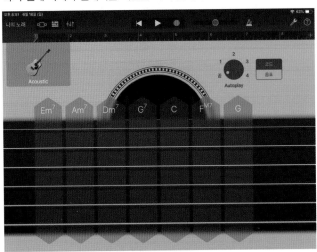

03 어느 정도 악기를 연주해 봤다면 Autoplay 기능을 활성화하겠습니다. 기본 [끔]으로
설정되어 있는 Autoplay 다이얼을 드래그하여 [1]로 변경합니다. 이어서 [C] 영역을
터치하여 연주를 들어 봅니다. 이어서 [2], [3], [4] 패턴도 들어 보고 그 차이를 기억
해 둡니다.

▶깨알Tip 아이폰에서는 오른쪽 위에 있는 다이얼 모양의 [Autoplay] 아이콘을 터치하면 위 화면과 동일한 화면이 표시됩니다.

04 Autoplay [1] 패턴으로 기타 연주를 녹음하겠습니다. 베이스 연주를 녹음할 때와 동일하게 [재생 버튼]을 터치하여 녹음된 드럼과 베이스를 들으면서 타이밍에 맞게 코드에 따라 연주해 봅니다.

1마디				2마디				3마디				4마디			
5				4				6			7	2			

5마디				6마디				7마디				8마디			
1				2				3			4	5			

05 베이스 연주에서 연습이 잘되었다면 기타 역시 쉽게 익숙해질 것입니다. 베이스 연주와 마찬가지로 재생헤드를 맨 앞으로 옮긴 후 [녹음] 버튼을 눌러 8마디를 순서대로 연주하여 녹음합니다. 기타까지 녹음이 잘되었다면 트랙 화면이 다음과 같이 될 것입니다. 녹음된 것을 재생하여 박자와 코드가 틀린 것이 없는지 확인해 봅니다.

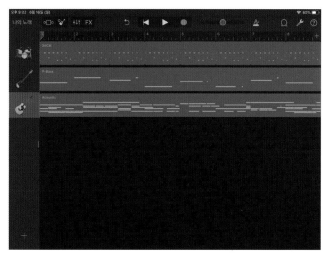

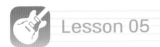

Lesson 05

멜로디 넣기 - 노트 찍기

이제 섹션 단위로 편집하여 8마디를 다른 패턴으로 반복하고 멜로디를 넣는 과정입니다. 보컬 외 멜로디를 연주하기 좋은 악기는 많지만, 그중 개성이 강한 관악기들은 훌륭한 멜로디용 악기가 됩니다.

▶ 멜로디 녹음 준비하기

01 기존 프로젝트에 멜로디를 연주할 악기를 설정합니다. 멜로디는 건반으로 연주하는 것이 편하기에 악기 선택 화면에서 [키보드 → Alchemy 신디사이저]를 선택합니다.

02 세부 악기 종류는 [주 카테고리]에서 [Other]를 선택한 후 [French Horn]을 선택합니다.

▶️ 깨알Tip 다른 카테고리의 악기 선택 화면이라면 카테고리 상단에 있는 [주 카테고리]를 선택해서 [Other]를 선택합니다.

🍊 오렌지노 특강

건반 연주 화면에서 상단을 보면 몇 가지 조절 장치가 있습니다. 이러한 상단 화면은 악기에 따라 다르지만 대체로 유사합니다. 건반 연주 화면 중 왼편은 음정을 미세하게 조절하는 PITCH 기능이 있는데, 건반으로 한 음을 누른 채로 PITCH 다이얼을 위아래로 조정해 봅니다. 음이 조금씩 변하는 걸 느낄 수 있을 것입니다. 반음 기준으로 −2 ~ +2까지 조절됩니다.

오른쪽에는 음색을 설정하는 항목들이 있습니다. French Horn은 ATTACK, RELEASE라는 두 개의 다이얼이 있는데, ATTACK은 건반을 눌렀을 때 소리가 바로 나오는지 천천히 나오는지를 설정하고, RELEASE는 건반에서 손을 떼었을 때 얼마나 길게 소리가 이어지는지를 설정합니다.

신디사이저 사운드는 X/Y 패드와 같이 좀 더 다양한 음색 설정이 가능합니다. 모든 것은 직접 들어 보고 차이를 느껴 보는 것이 좋습니다.

건반 바로 위에 있는 도구 막대 영역에도 다양한 기능이 포함되어 있습니다. 먼저 화면 안에 연주할 수 있는 영역이 좁기에 옥타브를 올리거나 내려 더 넓은 음역대로 연주할 수 있도록 하는 기능, 피아노의 페달과 같은 SUSTAIN 스위치, 키보드를 스와이프할 때 어떤 기능으로 동작하는지 설정하는 기능들입니다.

또한 음계를 제한하여 특정 음계에서 보다 편하게 연주할 수 있는 기능, 건반 넓이를 조절하거나 아이패드의 경우 2단으로 설정하여 보다 넓은 음역대를 연주할 수 있는 기능, 자동으로 아르페지오(코드를 한 번에 연주하지 않고 한 음씩 상승 혹은 하강하여 연주하는 주법)를 연주해 주는 아르페지에이터, 코드와 노트를 전환하는 버튼 등이 있습니다.

또한 아이패드/아이폰 기기의 [설정]에서 GarageBand 항목의 [키보드 음표 레이블]을 활성화하면 아래와 같이 건반마다 음이 표시됩니다. 건반이 익숙하지 않다면 익숙해질 때까지 이 기능을 활성화해서 사용하는 것이 좋습니다.

▲ 아이패드 설정 화면

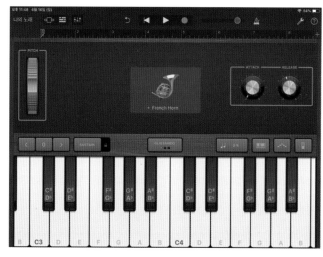

▲ 음이 표시된 건반

03 이제 멜로디 연주를 연습해 봅니다. 아래 악보를 보고 지금까지 만든 반주를 재생하면서 연주합니다. 첫 마디는 반주가 시작되기 전 멜로디가 미리 연주되는 부분입니다. 그러므로 A 섹션의 마지막인 8마디부터 재생하여 G음부터 먼저 시작되어 반복하여 연습해 봅니다.

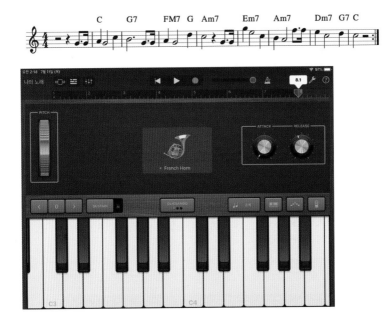

▶ 섹션 편집하기

틀리지 않을 때까지 멜로디 연습이 끝났다면 녹음을 하기 전에 해야 할 작업이 있습니다. 바로 섹션 편집입니다. 맥용 개러지밴드에서는 곡 구성에 맞도록 영역을 지정하여 사용할 수 없지만, 아이폰/아이패드용 개러지밴드에서는 섹션을 이용하여 손쉽게 구간별 편집을 할 수 있습니다. 일반적으로 8마디 혹은 16마디를 한 섹션으로 묶어 활용합니다. 현재까지 녹음한 영역은 8마디의 A 섹션으로 설정되어 있습니다.

01 이제 트랙 화면으로 이동합니다. 아직 멜로디는 녹음 전이므로 트랙만 있고 루프는 없는 상태입니다. 상단 마디 눈금에서 오른쪽 끝에 있는 [+] 버튼을 터치합니다. 노래 섹션 창이 열립니다.

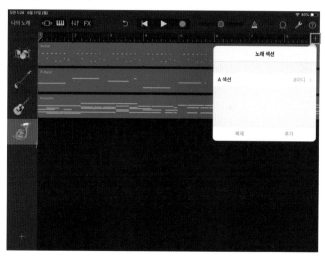

▶깨알Tip 재생헤드가 맨 뒤에 배치되어 있으면 [+]가 보이지 않을 수 있습니다. 마디 눈금에 [+]가 보이지 않는다면 재생헤드의 위치를 조정해 보세요.

02 특정 섹션을 선택한 후 [복제]를 누르면 다음 섹션으로 그대로 복제됩니다. 현재 A 섹션만 있으므로 그대로 [복제]를 터치해서 B 섹션을 생성합니다. A 섹션을 간주로 사용하고 B 섹션부터 멜로디를 추가할 것입니다.

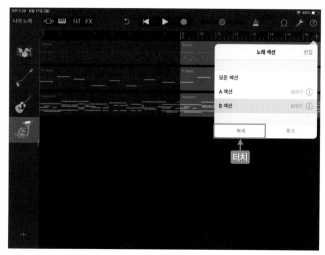

03 섹션 간 이동은 다시 노래 섹션 창을 열어서 선택할 수 있지만, 루프 영역에서 스와이프하는 방법으로 좀 더 쉽게 이동할 수 있습니다. B 섹션에서 A 섹션으로 밀어서 이동합니다.

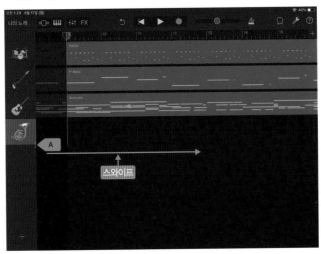

04 먼저 들어가는 멜로디의 두 음만 A 섹션의 8마디에 녹음하고, 이후 B 섹션에서 본격적으로 멜로디를 녹음할 예정입니다. 두 개 음을 녹음하는 데는 연주보다 노트 생성이 더 수월합니다. 멜로디 트랙의 루프 영역에서 빈 영역을 터치한 후 **[편집]**을 선택합니다.

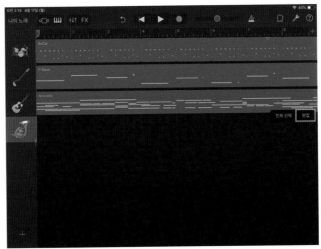

05 왼쪽 상단의 펜 스위치를 활성화하면 원하는 위치에 터치하는 것으로 음을 생성하거나 지울 수 있습니다. 8마디의 4비트에 아래와 같이 음을 생성하고 **[완료]**를 터치합니다. C3과 C4 사이에 G3음을 넣었습니다.

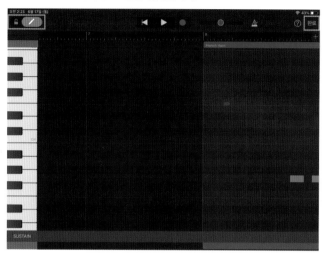

▶ 멜로디 녹음하기

이제 B 섹션으로 이동하여 본격적으로 멜로디를 녹음합니다.

01 B 섹션에서 악기 연주 화면으로 이동하고 아래 멜로디의 두 번째 마디부터 연주하여 녹음합니다.

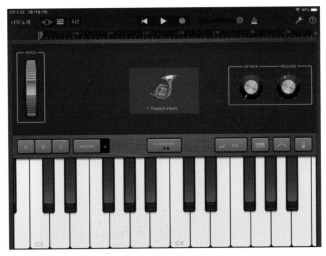

▶️ 깨알Tip 악기 연주 화면에서도 상단 마디 눈금을 스와이프하여 섹션을 이동할 수 있습니다.

02 16분음표가 있어 박자를 정확히 입력하지 않으면 틀린 노트가 조금씩 나올 수 있습니다. 퀀타이즈를 스트레이트 16분음표로 설정한 뒤 틀린 부분이 있다면 편집을 통해 수정합니다. 녹음한 멜로디의 편집 화면을 열면 아래와 같이 녹음되어 있을 것입니다.

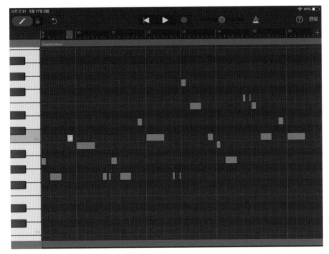

03 트랙 화면에서 노래 섹션 창을 열고 **[모든 섹션]**을 선택하면 A와 B 섹션을 한 번에 볼
수 있습니다. 다음과 같이 멜로디가 아래와 같이 나눠진 채로 녹음된 것을 확인할 수 있
으며, 이대로 처음부터 재생해 보면 전주 후 멜로디가 나오는 것을 들을 수 있습니다.

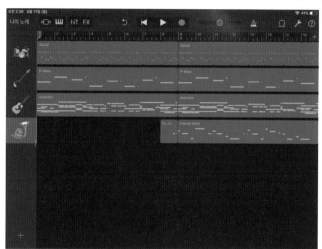

아이폰/아이패드용 개러지밴드에서 Smart 악기와 건반 연주 기능으로 편리하게 녹음을 할 수 있습니다. 만약 맥용 개러지밴드라면 키보드 음표 연주를 활용하여 녹음하는 방법, 혹은 피아노 롤에 음을 직접 입력(⌘+클릭)하는 방법으로 작업해야 합니다.

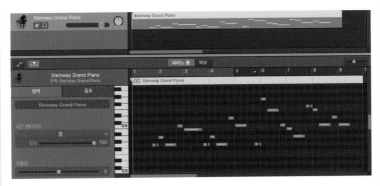

▲ 맥용 개러지밴드 작업 화면

그러므로 별도의 장비가 없는 연주라면 아이폰/아이패드용 개러지밴드가 수월합니다. 여유가 되고 맥용 개러지밴드만으로 작업하고 싶다면 MIDI 입력이 가능한 마스터 키보드와 같은 장비를 활용하는 것이 좋습니다.

Lesson 06

코드 악기 쌓기 – 키보드, 스트링

계속해서 악기를 추가하여 섹션별로 다른 구성을 넣어 보겠습니다. 사람의 합창 소리, 현악 오케스트라 느낌 등을 추가하겠습니다.

▶ B 섹션 완성하기

01 멜로디가 추가된 B 섹션에 사람의 합창 소리를 추가하겠습니다. 악기 선택 화면에서 [**키보드 → Smart Piano**]를 선택합니다. 세부 악기 종류에서 주 카테고리를 [**Alchemy Synth**]로 선택한 후 사람의 목소리로 녹음된 악기들이 있는 [**Vocals**]에서 [**Deep Harmonic Waves**]를 선택합니다.

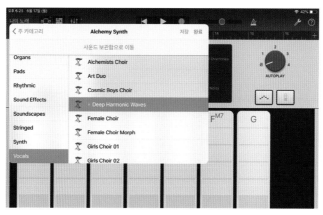

02 베이스를 녹음했던 것과 마찬가지로 타이밍에 맞게 터치하여 맞는 코드를 넣습니다. 코드가 표시된 각 바에서 세 번째 영역을 누르면서 녹음합니다. 전반적으로 함께 연주되는 악기들의 음역대가 골고루 분포되게 구성하는 것이 좋기 때문입니다.

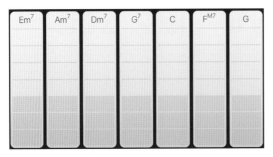

9마디			10마디			11마디			12마디		
5			4			6		7	2		

13마디			14마디			15마디			16마디		
1			2			3		4	5		

03 다음은 피아노 코드 반주를 넣겠습니다. 악기 선택 화면에서 [키보드 → Smart Piano]를 추가로 생성하고 악기 종류를 [Keyboards → Grand Piano]로 선택합니다.

04 피아노 반주는 Autoplay 기능을 이용합니다. [3] 패턴을 켜고, 코드 타이밍에 맞게 코드가 적힌 부분을 누릅니다. 하단의 두 넓은 영역 중 아랫부분은 코드의 베이스를 의미하는데, C/G와 같이 베이스가 다른 코드를 연주할 때 활용할 수 있지만 대부분 사용하지 않습니다.

05 녹음이 끝나고 트랙 화면을 보면 B 섹션은 드럼, 베이스, 기타, 멜로디French Horn, 보컬 코러스Deep Harmonic Waves, 피아노 6개의 트랙으로 구성되어 있습니다.

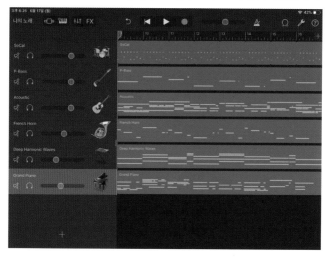

▶️ C 섹션 추가하기

01 이제 새로운 섹션을 만듭니다. 우선 노래 섹션 창을 열고 [B 섹션]을 선택한 후 [복제]를 눌러 C 섹션을 생성합니다. 새로운 C 섹션은 현악 오케스트라 느낌으로 구성하겠습니다.

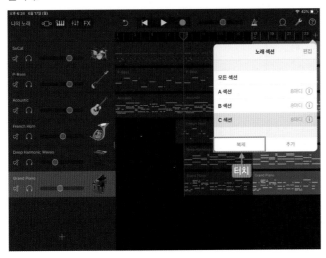

02 복제로 생성한 C 섹션에서 트랙 화면으로 이동한 후 베이스, 기타, 멜로디, 코러스 트랙의 각 루프를 터치한 후 팝업 메뉴에서 [삭제]를 터치해 다음과 같이 드럼과 피아노만 남깁니다.

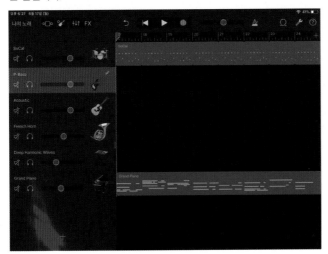

03 현악기를 추가하겠습니다. 악기 선택 화면으로 이동하여 [스트링 → Smart Strings]
를 선택합니다.

04 스트링에서 세부 악기 종류에 따라 음색은 네 가지가 있으며, 음역대와 Autoplay 패
턴의 차이가 있습니다. 세부 악기는 [Pop]을 선택합니다.

05 연주용 건반 위쪽에는 현악 5중주 악기를 켜고 끌 수 있습니다. 멜로디를 연주할
음역에 해당하는 [1st Violins]를 터치하여 비활성화한 후 [2nd Violins, Violas,
Cellos, Basses] 네 개 악기만 연주되도록 설정합니다.

▶ 깨알Tip 아이폰용 개러지밴드에서는 오른쪽 위에 있는 다이얼을 터치해야 5중주 악기 목록과
Autoplay 패턴을 확인할 수 있습니다.

06 Autoplay [4] 패턴으로 설정하고 다음과 같이 8마디를 코드에 맞게 녹음합니다.

17마디		18마디		19마디		20마디	
5		4		6		7	2		

21마디		22마디		23마디		24마디	
1		2		3		4	5		

▶ 현악 멜로디 추가하기

이번에는 현악 멜로디를 추가하겠습니다. 멜로디가 1비트 먼저 들어가는 형태로, A 섹션 끝에서 먼저 연주하여 B 섹션으로 이어진 것처럼 이번에도 B 섹션 끝에 먼저 멜로디를 넣고 C 섹션에서 멜로디를 연주하는 과정으로 진행합니다.

01 현악 멜로디를 추가하기 위해 악기 선택 화면에서 [키보드 → Alchemy 신디사이저]를 선택한 후 세부 악기 종류는 주 카테고리에서 [Other → Strings Sustain]을 선택합니다.

02 트랙 화면에서 B 섹션(9~16마디)을 표시합니다. 추가한 Strings Sustain 트랙의 루프 영역에서 빈 영역에 터치하고 [편집]을 선택하여 피아노 롤을 열고 [펜] 스위치를 활성화하여 16마디의 4비트에 G3음을 추가합니다. 현악 멜로디는 리듬을 조금 단순화하여 4분음표 한 개만 넣습니다. 해당 트랙의 퀀타이즈는 스트레이트 4분음표로 설정합니다. 최종 B 섹션은 다음과 같이 완성됩니다.

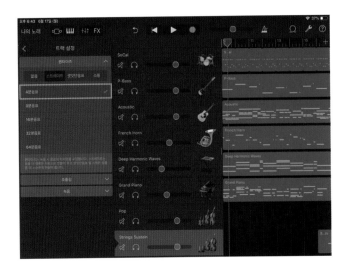

03 이제 C 섹션으로 이동한 후 악기 연주 화면에서 String Sustain을 건반으로 연주합
니다. 이때 리듬은 아래와 같이 단순화된 멜로디로 연주합니다.

04 녹음을 완료한 후 트랙 화면을 보면 C 섹션에 아래와 같이 두 개의 스트링 트랙이 채워졌습니다.

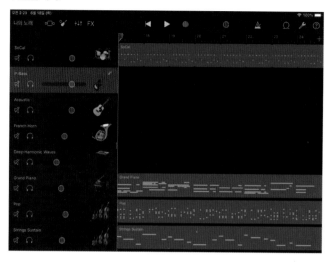

▶ 베이스 소리 변경

이번에는 베이스를 손으로 튕기는 더블베이스로 변경해 보겠습니다.

01 악기 선택 화면에서 [베이스 → Notes]를 선택하여 트랙을 추가합니다. 세부 악기 종류는 [Upright]로 변경합니다. 4개의 현을 터치하면서 연주해 보면 현악 오케스트라에 어울리는 베이스 소리임을 알 수 있을 것입니다.

02 다른 악기에서 연주한 루프를 그대로 복사해서 붙여 넣겠습니다. 트랙 화면에서 B 섹션으로 이동하여 P-Bass 트랙의 루프 영역을 터치한 후 [**복사하기**]를 선택합니다.

03 다시 C 섹션으로 이동한 후 새로 추가한 Upright 베이스의 루프 영역을 터치한 후 [**붙이기**]를 선택합니다. 아래와 같이 Upright 트랙에 P-Bass의 루프가 그대로 복사됩니다. 이제 맨 위의 드러머 트랙과 피아노, 현악 4중주, 현악 멜로디, 베이스 5개 트랙이 채워져 C 섹션이 완성되었습니다.

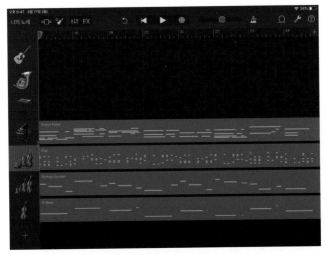

▶ 마무리 영역 D 섹션 추가하기

01 노래 섹션 창을 열고 [C 섹션]을 선택한 후 [복제]를 선택해서 D 섹션을 추가합니다.

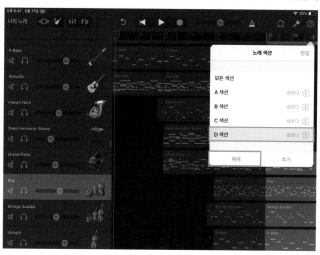

02 복제된 D 섹션에서 드럼, 피아노, 현악 4중주(Pop) 트랙의 루프를 삭제하여 '기승전결' 중 결에 해당하는 마무리 느낌으로 섹션을 구성합니다.

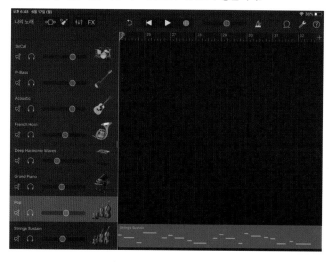

03 여운을 남기면서 끝나는 느낌을 표현하기 위해 길이를 8마디에서 11마디로 조정합니다. 마디 변경은 노래 섹션 창에서 변경할 섹션의 [8마디] 부분을 터치하고 수동 항목에서 값을 변경하면 됩니다.

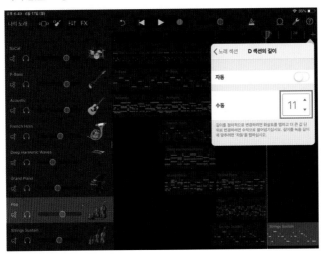

04 마디가 늘어난 만큼 작업 공간의 루프로 늘어납니다. 자동으로 늘어난 루프는 다시 8마디로 줄여야 의도한 여운을 추가할 수 있습니다. 각 루프를 터치하여 선택 상태가 되면 오른쪽 끝을 원하는 위치로 드래그합니다. Strings Sustain, Upright 두 개 트랙 모두 줄입니다.

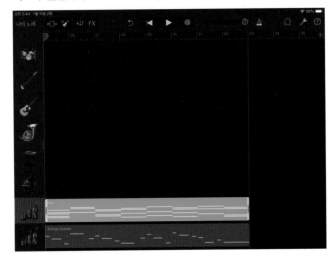

05 비어 있는 Pop 트랙을 선택하고 연주 화면을 엽니다. Autoplay를 끄고 Smart Strings를 연주하는 방법은 크게 두 가지입니다. 4개 영역을 끊어서 터치하면 피치카토(끊어서 짧게 연주)로 연주가 되고, 위아래로 스와이프하면 길게 코드 연주가 됩니다. 녹음하기 전에 자유롭게 연습해 봅니다. 스와이프하기 위해 터치를 시작하는 위치가 연주하는 코드의 음역대를 결정합니다. 4칸 중 아래에서 시작하여 위아래로 스와이프하면 낮은 음역을, 위에서 시작하여 아래위로 스와이프하면 높은 음역을 연주합니다.

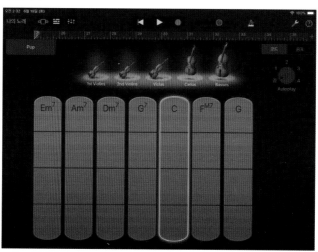

▶ **깨알Tip** ▶ 스와이프 속도가 빠를 때 소리가 커지고, 느릴 때 소리도 줄어듭니다. 이를 잘 인지하여 마지막 연주의 속도를 느리게 합니다. 이렇게 함으로써 자연스럽게 페이드아웃 효과(fade out, 소리가 점점 작아짐)를 연출할 수 있습니다.

06 연주 방법과 음역대를 고려하여 연주하되 아래와 같이 한 마디에 하나의 코드만 길게 연주하는 방식으로 녹음을 시작합니다.

25마디			26마디			27마디			28마디		
5			4			6			2		

29마디			30마디			31마디			32마디		
1			2			3			5		

현악 5중주를 연주할 때 박자를 정확히 맞추기 쉽지 않으므로 퀀타이즈를 스트레이트 4분음표로 설정하면 수월합니다. 혹은 아래와 같이 편집 상태에서 맞출 수도 있습니다. 빈 영역을 길게 터치한 후 스와이프하면 범위가 선택됩니다. 여러 영역을 선택하여 한 번에 위치를 옮길 수 있습니다.

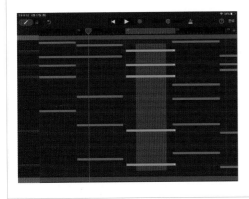

07 새로 연주한 Pop 현악 5중주는 아래와 같이 녹음됩니다. 마지막 C코드를 연주할 때는 스와이프하는 속도를 점점 느리게 하여 길게 연주하면 은은하게 점점 소리가 줄어 듭니다.

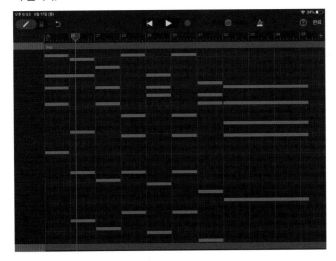

08 현악기로 연주한 멜로디(String Sustain 트랙)의 마지막 음도 2마디를 채우도록 편집합니다.

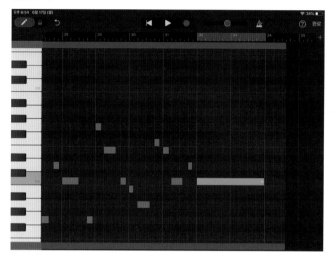

09 이렇게 D 섹션은 아래와 같이 세 개의 현악기로 구성하여 완성했습니다.

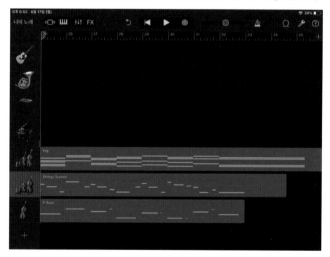

10 노래 섹션 창을 열고 [모든 섹션]을 선택하면 아래와 같이 4개의 섹션이 서로 다른 분
위기로 완성된 것을 확인할 수 있습니다.

재생헤드를 맨 앞으로 옮겨 완성한 곡을 들어 보세요. 다음 Chapter에서 배
울 믹싱 등 후반 작업을 거치면 완성도 높은 'Happy birthday to you' 편곡
이 마무리됩니다.

Chapter 08

편곡 심화와
믹싱

지금까지 곡을 구성하고 연주하여 녹음한 트랙들을 편집하는 일련의 과정을
일반적으로 편곡이라고 합니다. 이 상태에서도 곡을 추출하여 배경음악으로
쓸 수 있을 것입니다. 하지만 조금 더 욕심을 낸다면 각 트랙이 잘 어우러지도
록 악기의 소리를 보정하고 음량, 공간감 등을 수정하는 믹싱 작업을 거쳐 더
욱 완성도 높은 음악을 만들 수 있습니다.

Lesson 01

아이폰/아이패드용 개러지밴드
심화 활용

맥용 개러지밴드에 비하여 연주에 특화된 아이폰/아이패드용 개러지밴드를 이용하면 좀 더 시각적으로 음색을 편집하고 재미있는 연주를 할 수 있습니다. 이번 Lesson에서는 음색 편집 심화 과정과 'Happy birthday to you' 연주에서 활용하지 않은 추가 기능 몇 가지를 배워 보겠습니다.

▶ 신디사이저 음색 편집

건반으로 연주하는 신디사이저는 음색을 세부적으로 수정할 수 있는 기능을 포함하고 있습니다. 선택하는 악기에 따라 편집할 수 있는 요소와 조작 방법이 다르니 한 악기를 예로 설명하겠습니다. 우선 기존에 작업한 'Happy birthday to you'는 [나의 노래] 화면으로 이동하여 제목을 변경한 후 새로운 프로젝트를 시작합니다.

▶깨알Tip [나의 노래] 화면에 있는 프로젝트 목록에서 프로젝트 이름 부분을 터치하면 이름을 변경할 수 있습니다.

새로운 프로젝트를 시작했다면 악기 선택 화면에서 [키보드 → Alchemy 신디사이저]를 선택합니다. 이어서 세부 악기 종류는 주 카테고리에서 [Alchemy Synth → Pads → Epic Cloud Formation]으로 설정합니다.

상단 음색 편집 화면을 스와이프하면 4개의 화면으로 구성된 것을 볼 수 있습니다. 두 번째 화면에서는 다음과 같이 8개의 버튼이 보이는데 이는 8가지 스타일의 프리셋Preset입니다. 각 프리셋을 선택할 때마다 오른쪽 설정들이 변하는 것을 확인할 수 있습니다. 프리셋 이름은 스타일을 요약하여 지어진 것이므로 큰 의미는 없습니다.

8가지 설정은 사운드의 분위기를 바꿔 주는 항목들이며 직접 노브를 조절하여 소리가 어떻게 달라지는지 느껴 보는 것이 최선입니다. 대부분의 DAW에서 이와 유사한 항목으로 사운드를 편집하기에 단어의 뜻과 느낌을 잘 기억해 둡니다. 이를테면 Delay는 메아리와 같은 뒤따라 오는 울림, Reverb는 소리 내는 공간의 반사음이 적용된 잔향, Resonance는 주파수에 따른 진동 세기 등을 말합니다.

네 번째 화면으로 넘기면 X/Y 축으로 사운드 분위기를 편집하는 화면과 소리
의 속성을 정의하는 ADSR(Attack, Decay, Sustain, Release) 설정 노브가
보입니다.

이 중 X/Y축으로 편집하는 사운드는 음색 자체를 바꿔 주는 역할을 하므로
직접 차이를 경험해 보는 것이 좋습니다.

ADSR은 소리를 시간에 따른 음량 변화로 정의하는 전형적인 개념으로, 음향
에 관심이 있다면 반드시 숙지해야 합니다. 각 항목이 어떤 의미를 가지고 있
는지 아래 도식을 참고하면 이해가 쉽습니다.

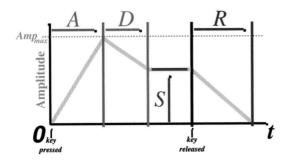

▲ 출처: 위키백과(https://en.wikipedia.org/wiki/Envelope_(music))

- **Attack:** 소리가 나기 시작하여 음량이 처음부터 끝까지 올라가는 데 걸리는 시간입니다.

- **Decay:** Attack에서 높아진 음량이 일정한 수준까지 내려가는 데 걸리는 시간입니다.

- **Sustain:** Attack과 Decay를 거친 후 건반을 누르는 동안의 일정한 음량을 말합니다.

- **Release:** 건반을 뗐을 때 음량이 0으로 줄어드는 데 걸리는 시간입니다.

이 개념을 활용하여 의도에 맞는 소리를 만들 수 있습니다. 건반을 눌렀을 때 바로 소리가 나서 80 정도의 수준의 음량을 유지하다가 건반을 뗐을 때 천천히 소리가 줄어들기를 원한다면 Attack과 Decay를 짧게 설정하고 Sustain을 80으로, Release를 길게 설정합니다. 이 또한 직접 수정하며 그 차이를 느껴보는 것이 좋습니다.

또한 신디사이저를 연주할 때 활용하기 좋은 기능 중 하나는 부드러운 PITCH 조정입니다. 건반을 쓸어넘길 때 어떤 작용을 하는지 설정할 수 있는 버튼이 중앙에 있고, 신디사이저의 경우 보통 [GLISSANDO], [SCROLL], [PITCH] 세 가지 중 하나를 선택할 수 있습니다. [GLISSANDO]는 일반적인 건반 쓸어넘기기, [SCROLL]은 건반 위치를 이동, [PITCH]는 부드러운 음의 높이Pitch 조정입니다. [PITCH]로 설정한 상태로 건반을 오른쪽으로 쓸어넘겨 보세요.

이 기능을 사용하면 인위적이고 기계적인 느낌으로 음 진행을 할 수 있습니다. Psy의 '강남 스타일'과 같은 댄스곡에서도 자주 사용되는 방식입니다.

▶ 기타 음색 편집

다음으로 기타의 음색을 바꾸기 위한 이펙터를 알아봅니다. 악기 선택 화면에서 [기타]를 선택한 후 세부 악기 중 [Acoustic]을 제외한 나머지 일렉트릭 기타는 모두 전자음으로 꾸며 주는 이펙터 기능을 포함하고 있습니다. 디스토션으로 째지는 소리를 내게 하거나 울림을 강화시키는 방식의 이펙터를 켜고 끄면서 음색을 조정할 수 있습니다.

아이폰/아이패드용 개러지밴드에서는 기타 음색을 조절할 때 이펙터를 켜고 끄는 것 외에 세부적인 조정은 할 수 없습니다. 하지만 맥용 개러지밴드에서는 제어기에서 플러그인의 세부 조정으로 Gain, Tone, Drive, Flanger, Reverb 등을 노브로 조절할 수 있습니다.

▲ 맥용 개러지밴드 제어기

▶ 샘플러 활용

2019년 5월 3일 방영된 KBS 2TV 〈유희열의 스케치북〉에서 가수 그레이가 만든 즉석 광고 음악 영상은 레전드 영상이 되어 많은 사람의 감탄을 자아냈습니다. 그레이가 '유희열의 스케치북'을 녹음하여 건반 연주로 음악을 만드는 기능이 아이폰/아이패드용 개러지밴드에도 기본으로 탑재되어 있습니다.

01 악기 선택 화면에서 [키보드 → 샘플러]를 선택합니다.

▶ 깨알Tip ▶ 유튜브에서 '유희열 스케치북 그레이' 등으로 검색하면 관련 영상을 찾을 수 있습니다. 해당 영상을 먼저 보면 이후 내용이 좀 더 쉽게 이해될 겁니다.

02 **[시작]** 버튼을 누른 채 마이크 부분에 원하는 소리를 넣습니다.

03 **[중단]**을 누르면 녹음이 완료되며, 녹음된 소리의 처음과 끝을 드래그해 적절히 자릅니다. 이후 건반을 누르는 대로 해당 음으로 바뀌어 연주됩니다.

04 [**나의 샘플**]을 누르면 녹음된 소리의 이름을 변경하고 저장하여 보관함에서 관리할
수 있습니다.

샘플러 기능은 동물의 소리나 원하는 발음을 음악으로 만들 때 활용할 수 있
습니다. 다만 긴 음절의 소리를 녹음할 경우 방송에서 했던 것처럼 코드 연주
를 할 수는 없습니다. 소리의 높이를 가장 손쉽게 조절하는 방법은 소리의 길
이를 압축하거나 늘려 인위적으로 파형을 변형시키는 것이므로, 낮은 음일 경
우 소리가 길게 늘어지고 높은 음일 경우 소리가 짧게 끊어지게 됩니다. 그레
이가 방송에서 쓴 프로그램은 소리의 길이도 일치시켜 주었기에 코드 연주도
가능했던 것입니다. 개러지밴드의 다음 버전에서 이 부분을 개선해 주기를 기
대할 수밖에 없습니다.

▶ Face Control

개러지밴드에 재미있는 제어 기능이 또 있는데, 바로 연주자의 입 모양을 인식하여 제어하는 Face Control입니다. ARKit의 얼굴 인식 기능을 제공하는 iPhone X 이상, iPad Pro와 같은 기기에서 작동하며 표정을 해석하여 사운드를 제어할 수 있습니다.

[키보드 → Alchemy 신디사이저]를 열면 자이로 제어와 함께 얼굴 모양의 [Face Control] 아이콘을 볼 수 있습니다. 아이콘을 눌러 Face Control을 활성화한 상태에서 특정 음을 누른 채 입 모양을 움직여 봅니다. 이 기능을 처음 사용하는 경우 카메라 접근 허용을 요청하게 됩니다.

해당 버튼의 입 모양이 연주자의 입 모양과 일치되며 사운드가 제어됩니다.

▶ 세계 악기

개러지밴드에서 뒤늦게 추가된 악기 중 동양 문화권의 악기들이 있습니다. 이 악기들은 [세계 악기]라는 카테고리로 분류됩니다. 초기엔 [비파]와 [이호](해금과 유사)만 있었으나 중국 전통으로 분류한 [고쟁]과 일본 전통 악기로 분류한 [코토]도 추가되었습니다.

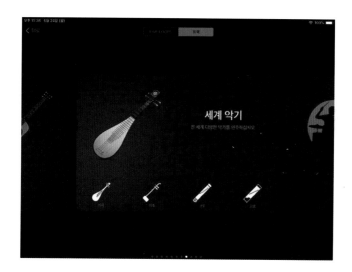

각 악기는 특성에 맞게 음계를 설정하여 연주하기 좋은 인터페이스로 구성되어 있습니다. 이 또한 코드 연주가 가능하며, 하단에 사운드를 제어하는 기능들이 있어 직접 연주해 보며 활용해 보길 바랍니다. 이 악기들을 활용하면 동양 음악 분위기의 곡을 만들 수 있습니다.

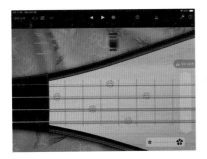

▲ 비파 연주 화면

▲ 이호 연주 화면

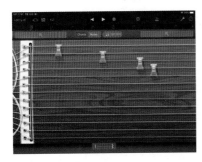

▲ 고쟁 연주 화면

▲ 코토 연주 화면

▶️깨알Tip▶ 새로 추가된 악기가 보이지 않는다면 악기 선택 화면에서 [세계 악기] 화면의 오른쪽 아래에 있는 [추가 사운드]를 선택하여 사운드 보관함으로 이동해서 필요한 악기를 다운로드하면 됩니다. 언젠가 세계 악기에 우리나라의 전통 악기도 추가되기를 기대해 봅니다.

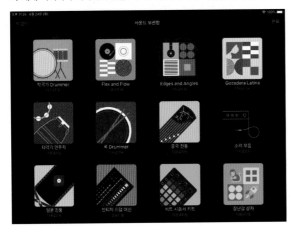

▲ 사운드 보관함

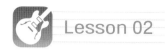
트랙별 밸런스를 위한
후반 믹싱 작업

다양한 기능을 살펴봤다면 다시 [나의 노래] 화면에서 앞서 작업한 'Happy birthday to you' 프로젝트를 선택해서 열고 트랙별 밸런스를 잡는 믹싱 작업을 진행하겠습니다. 아이폰/아이패드용 개러지밴드에서도 트랙 음량, 트랙 팬(좌/우 밸런스), 각종 플러그인과 EQ, 리버브 등의 수정을 할 수 있습니다.

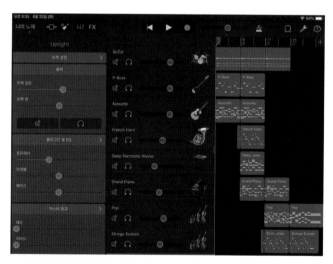

▲ 아이패드용 개러지밴드의 트랙 제어기

하지만 맥용 개러지밴드를 사용하면 좀 더 넓은 화면과 더 많은 기능을 활용할 수 있습니다. 그러므로 믹싱 등 후반 작업Post-production은 맥용 개러지밴드로 진행하는 것을 추천하며, 여기서도 맥용 개러지밴드를 기반으로 설명하겠습니다. 상황이 여의치 않아 아이폰/아이패드용 개러지밴드로 작업해야 한다면 트랙 설정 항목에서 같은 용어를 가진 기능을 찾아 진행하면 됩니다. 하지만 일부 기능은 사용할 수 없음을 염두에 두어야 합니다.

▶ 트랙별 음량 및 팬 조절

01 지금까지 작업한 프로젝트를 183쪽을 참고하여 아이클라우드 등의 방법으로 맥용 개러지밴드에서 불러옵니다. 아이클라우드를 이용했다면 상단 메뉴에서 **[파일 → iCloud → iOS용 GarageBand 노래 가져오기]**를 선택합니다.

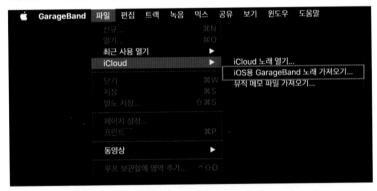

▶ **깨알Tip** 앞서 아이폰/아이패드용 개러지밴드로 연주 녹음한 프로젝트가 없다면 저자가 작업한 프로젝트를 다운로드해서 활용할 수 있습니다. 파일은 https://ijino.net/garageband-book/에서 다운로드해 주세요.

02 아이폰/아이패드용 개러지밴드에서 작업한 결과를 맥용 프로젝트로 불러오면 바뀐 환경에 맞게 새로 저장하여 불러옵니다. 상황에 따라 일부 추가 콘텐츠를 다운로드하는 경우가 있습니다.

03 먼저 트랙별 음량을 조절합니다. 트랙 헤더에서 모든 트랙을 보며 쉽게 조절할 수 있
는 것은 음량과 팬입니다. EQ가 기본값으로 설정된 스피커(모니터 스피커) 혹은 헤
드폰, 내장 스피커를 가급적 모두 사용하여 모니터링하면서 유독 소리가 큰 트랙은
음량을 줄입니다.

04 기본으로 설정된 음량은 100(최댓값 127)입니다. 특별한 경우가 아니라면 100 이상
으로 높이지 말고, 유독 크게 들리는 트랙의 음량 슬라이더 ▬▬▬▬를 왼쪽으로 줄
이며 밸런스를 맞춥니다. 특정 트랙의 소리 끔Mute과 특정 트랙만 소리가 나게 해 주
는 솔로Solo 버튼 ▬▬을 활용하며 모든 트랙의 음량을 점검합니다.

05 다음은 팬 노브 ◉로 'Happy birthday to you'의 트랙별 팬 밸런스를 설정해 봅니
다. 동시에 들리는 악기들을 균등하게 배분하되, 자주 사용되는 악기는 밸런스가 깨
지지 않도록 가급적 중앙에 가깝게, 가끔 연주되는 멜로디 악기는 중앙에서 멀게 배
치하겠습니다. A 섹션은 드럼SoCal, 베이스P-Bass, 기타Acoustic가 연주됩니다. 드럼은
중앙에 가깝게 배치하고, 베이스는 L(왼쪽) 방향으로, 기타는 R(오른쪽) 방향으로 조
금씩 노브를 조절합니다. B 섹션은 A 섹션 악기들에 관악 멜로디French Horn와 신디사
이저 코드Deep Harmonic Waves, 피아노Grand Piano가 연주됩니다. 보컬 역할을 하는 멜로
디는 L8 정도로 조금만 조절하고, 신디사이저는 약 L20, 피아노는 R23 정도로 조절

합니다. 멜로디가 L 방향이기에 피아노의 R 값을 조금 더 준 경우입니다.

C 섹션은 드러머 트랙과 B 섹션에서 이어오는 피아노, 그리고 세 개의 현악 트랙으로 구성되어 있습니다. 그중 바이올린, 비올라, 첼로, 콘트라베이스가 동시에 연주되는 Pop 트랙은 많은 악기가 한쪽으로 치우치지 않도록 L10 정도로 조금만 이동하고, 멜로디를 연주하는 Strings Sustain 트랙은 L15, Upright 베이스는 R23 정도로 세팅합니다. D 섹션은 이 세 개의 현악 트랙만 남게 되는데 이 값으로 설정하면 균등한 밸런스를 유지한 채로 곡이 마무리될 수 있습니다. 이렇게 설정된 팬 노브의 방향과 정도는 다음과 같습니다.

🍊 오렌지노 특강

팬(PAN/Panorama)은 스테레오 사운드의 밸런스를 의미하며 기본적으로 양쪽이 균등한 밸런스로 설정되어 있습니다. 이 상태에선 소리가 중앙에서 들리는 느낌이며, 노브를 왼쪽, 오른쪽으로 조절하는 만큼 소리의 밸런스도 그에 따라 이동됩니다. 팬 설정 값은 −64 ~ 63 범위 안에서 조절할 수 있습니다.

팬을 조절하는 이유는 스테레오 사운드를 풍부하게 만들기 위함인데, 베이스가 왼쪽에서 들리고 기타가 오른쪽에서 들리는 등 각 트랙이 다양한 위치로 팬 설정 값을 가지고 있을 때 악기 연주자들 사이에서 음악을 듣는 듯한 느낌을 받을 수 있습니다.

팬 조절을 잘 하려면 동시에 들리는 악기들을 가급적 균등하게 분배해야 합니다. 밴드 그룹사운드의 경우 드럼, 기타, 키보드 연주자들이 위치한 곳과 일치하게 팬 조절을 한다고 상상해 보세요. 드럼은 보통 중앙의 뒤에 위치하고, 한쪽에 기타, 반대쪽에 베이스, 보컬이 중앙 앞에 오는 밴드라면 그와 동일하게 설정해 주는 방식입니다.

▶ Smart Control 영역 이용하기

이제 트랙을 선택한 뒤 상단 제어 막대에서 [Smart Control]🔘 버튼을 눌러 트랙 편집을 시작합니다. 왼쪽의 [트랙/마스터] 탭의 [트랙]을 선택하면 해당 트랙의 제어기, EQ 등을 설정할 수 있습니다. 먼저 EQ에 대해 알아봅니다.

EQ 편집

EQ^{이퀄라이저, Equalizer}는 각 주파수 대역을 조절하는 설정입니다. 스피커 혹은 이어폰의 특징을 리뷰할 때 '저음이 강하다', '고음역이 세다' 등의 표현이 바로 EQ 특성을 설명한 것입니다. 완성한 음악이 풍부하게 들리도록 하려면 각 음역이 골고루 분포되어 있을 때 꽉 채워진 느낌을 줄 수 있습니다. 우선 주파수 대역을 골고루 사용되도록 악기와 연주 음역을 분산하는 것이 중요합니다. 작업한 'Happy birthday to you'는 저음역의 베이스, 중음역의 기타, 고음역의 피아노로 시작하여 현악 4중주로 이어지면서 전반적인 음역을 채우는 구성이기에 각 악기를 강조하는 EQ로 구성할 수 있습니다.

▲ Smart Control 영역의 EQ 화면

하지만 들리는 대로 부족한 부분을 채우는 작업은 음향 전문가들의 영역이라 어려울 수밖에 없습니다. 이를 쉽게 보강하기 위해 프리셋을 활용할 수 있습니다. Smart Control 영역에서 [EQ]를 선택한 후 왼쪽의 설정 팝업 메뉴를 열어 봅니다.

악기와 목적에 따라 분류한 7개의 카테고리 안에 다양한 프리셋이 있으므로 의도에 맞는 프리셋을 선택해서 쉽게 EQ 설정을 완료할 수 있습니다. 특정 트랙의 솔로 기능을 켜고 끄며 각 프리셋의 EQ 차이를 느껴 봅니다. 드러머 트랙의 EQ 프리셋을 [01 Drums] 중에서 [HiFi Drums]와 [Vintage Drums]로 각각 변경해서 비교해 보면 명확한 차이를 느낄 수 있습니다. 빈티지 느낌을 내려면 저음역과 고음역을 깎아 의도적으로 먹먹한 소리를 만들어 줍니다.

EQ 작업은 모니터 스피커로 들어야 하지만 여의치 않다면 최대한 많은 스피커와 이어폰으로 모니터링해 보는 것이 좋습니다.

🍊 오렌지노 특강 ──────────── 모니터 스피커란?

곡 작업의 모니터링을 위한 스피커는 '모니터 스피커'라는 수식과 함께 판매됩니다. 모니터 스피커는 모든 주파수 대역을 균등하게 들을 수 있는 스피커를 말합니다. 일반적인 스피커는 사운드를 더 풍부하게 들리게 하기 위해 의도적으로 EQ를 조작한 채 출시되는 경우가 많습니다. 이렇게 다소 왜곡된 스피커로는 정확한 EQ 모니터링이 불가하고, 의도와 다른 결과물을 만들 가능성이 높습니다.

'Happy birthday to you'의 트랙들은 아래와 같이 프리셋을 선택해 주세요. 그런 다음 처음부터 재생하여 처음과 차이를 비교해 보세요.

- **Socal:** 01 Drums → HiFi Drums

- **P-Bass:** 03 Guitar → Bass Boost EQ

- **Acoustic:** 03 Guitar → Acoustic Guitar

- **French Horn:** 04 Horns → Horn Section

- **Deep Harmonic Waves:** 02 Keyboards → Synth Lead Presence

- **Grand Piano:** 02 Keyboards → Grand Piano EQ 02

- **Pop:** 07 EQ Tools → Add Presence to Thin Sounds

- **Strings Sustain:** 07 EQ Tools → Add Brightness

- **Upright:** 03 Guitar → Jazz Bass

화면 제어기

Smart Control 영역을 열고 왼쪽에서 [트랙], 오른쪽에서 [제어기]를 선택하면 다음과 같은 노브 조절 화면이 나타납니다. 이 영역은 악기에 따라 다른 설정 화면을 볼 수 있습니다. 예를 들어 드러머 트랙이라면 아래와 같이 각 드럼에 해당하는 볼륨 조절 노브, 컴프레서 온/오프, 이펙트의 톤 조절 노브, 룸 사이즈 노브의 음향 설정을 조절할 수 있습니다.

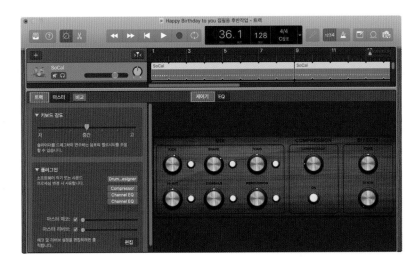

이 영역에서 제어할 수 있는 대표적인 효과 유형들이 있습니다. 모든 영역은 직접 조작하면서 비교해 보되 차이를 잘 느끼지 못하거나 어떤 설정 값이 더 조화롭게 들리는지 알기 어렵다면 가급적 수정하지 않고 초기 설정 상태로 두는 것이 좋습니다.

- **컴프레서(Compressor)**: 단순한 음량 조절이 아닌, 소리 영역을 단단하게 압축하는 방식으로 불필요한 음을 줄이고 깔끔하게 잡아 주는 역할을 합니다. 제어기에 따라 Threshold 값 지정이 가능하면 이 설정 값 이상으로 작동하게 되며, Ratio 값의 양만큼 적용됩니다.

  특정 음량 이상으로 올라가지 못하게 제한하는 리미터(Limiter)와 특정 음량 이하 신호를 제한하는 게이트(Gate 혹은 Expander)도 같은 계열의 설정 값으로 볼 수 있습니다.

- **리버브(Reverb)**: 공간 울림의 잔향을 추가하여 주로 Wet한 정도의 차이를 만들어 줍니다. 작은 방, 넓은 홀에서 들리는 차이 등의 설정을 리버브를 통해 조작할 수 있습니다. 메아리처럼 되풀이되는 소리는 Delay, Echo 값 등으로 설정합니다.

- **왜곡(Distortion)**: 주로 일렉트릭 기타를 통해 디스토션(Distortion), 오버드라이브(Over Drive)와 같은 전자 왜곡 효과를 넣어 줄 수 있습니다. 이렇게 인위적인 사운드가 추가되면 어쿠스틱의 느낌과는 거리가 멀어집니다.

- **변조(Modulation):** 코러스(Chorus), 플랜저(Flanger), 비브라토(Vibrato), 트레몰로 (Tremolo) 등의 설정은 변조 효과를 통해 사운드를 반복시킵니다. 사운드의 생동감과 깊이 에 영향을 줍니다.

▶️깨알Tip 설정을 변경한 후 처음 상태와 비교하면서 듣고 싶을 때는 [트랙/마스터] 탭 오른쪽에 있는 [비교]를 눌러서 확인하면 됩니다.

에코/리버브

Smart Control 트랙 편집 화면 왼쪽에서 [플러그인] 영역을 펼쳐 보면 기본적 으로 모든 트랙에 적용되는 에코와 리버브 설정이 있습니다. 바로 [마스터 에 코], [마스터 리버브]로 표기된 항목입니다.

이 부분의 명칭은 '마스터'라는 수식으로 인해 다소 혼동을 줄 수 있습니다. 특 정 트랙을 선택한 후 Smart Control 영역에서 [트랙/마스터] 탭 구분에서 [트랙] 은 개별 트랙만 설정하는 것이고, [마스터]는 전체 트랙에 영향을 주는 설정입 니다. 그러므로 [트랙]을 선택한 상태에서 표시되는 '마스터' 에코, 리버브도 자 칫 전체 트랙에 영향을 주는 것으로 오해하기 쉽습니다. 하지만 [트랙]에 있는 '마스터'는 모든 트랙에 영향을 주는 마스터 개념이 아닙니다. 오히려 '트랙'으 로 바꾸어 생각하는 것이 혼동을 줄일 수 있습니다. 개인적으로 개러지밴드의

다음 업데이트에서 꼭 수정되길 바라는 부분 중 하나입니다.

결국 위 [트랙]에 있는 [마스터 에코], [마스터 리버브]는 현재 선택한 트랙의 에코와 리버브를 조절할 수 있는 설정입니다. 에코는 특정 박자에 맞게 메아리치는 울림, 리버브는 공간 크기에 따른 울림을 조절합니다. [트랙]에서 오른쪽 아래에 있는 [편집]을 누르거나 [마스터] 탭을 직접 눌러 다음과 같이 [마스터] 탭 화면을 확인할 수 있으며, 여기서 상단에 있는 설정은 모든 트랙에 영향을 주는 에코와 리버브의 프리셋을 설정할 수 있습니다.

[마스터] 탭에서 [마스터 에코] 또는 [마스터 리버브]를 선택한 후 설정 팝업 메뉴를 이용해 모든 트랙에 적용할 에코/리버브의 프리셋을 선택할 수 있습니다. 개러지밴드에서 사용하는 악기들은 각기 다른 환경에서 녹음된 것이기에 각 트랙을 듣고 조화로운 값으로 설정합니다.

다소 건조하다 느끼는 트랙에는 에코나 리버브의 강도를 강하게 조절하면 됩니다. 생일 축하곡이 연주되는 공간을 생각하면 리버브를 [Big Room]으로 설정한 후 트랙별로 적당한 강도를 조정하는 것이 좋을 듯합니다.

플러그인

Smart Control 영역의 [트랙]에서는 트랙별로 네 개의 플러그인을 설정할 수 있습니다. 특정 플러그인에 마우스 포인터를 대면 조절 막대 모양으로 변하고 이곳을 클릭하면 플러그인 설정 팝업을 열 수 있습니다.

▲ 설정할 수 있는 플러그인과 플러그인 설정 팝업

플러그인 설정 팝업에서 '사용자 기본값'으로 설정되어 있는 옵션을 클릭하면 플러그인 프리셋을 선택할 수 있습니다.

기본으로 적용된 플러그인에서 오른쪽 목록 선택 버튼을 누르거나 회색의 빈 플러그인을 누르면 다른 플러그인 목록을 확인할 수 있습니다.

음향에 욕심이 있다면 개러지밴드에서 기본으로 제공하는 플러그인을 모두 사용해 보며 그 차이를 느껴 보는 것이 큰 공부가 됩니다.

오렌지노 특강

위에 추천한 설정 값들(볼륨/팬 조절 등 설정 전반)은 주관적인 판단에 의한 추천 값이므로 정답이 될 수 없습니다. 이견이 있을 수 있는 부분이니 참고만 하고 그대로 따르지 않아도 됩니다.

유튜브 크리에이터를 위한
마스터링 맛보기

곡에서 지나친 부분을 줄이고 조화롭게 밸런스를 잡는 믹싱 작업을 마쳤다면 마스터링 작업으로 곡 작업을 마무리할 수 있습니다.

▶ 믹싱과 마스터링의 차이

모든 악기 연주(보컬 곡의 경우 보컬 녹음 포함) 후의 후반 작업은 믹싱과 마스터링 과정입니다. 믹싱을 먼저 진행한 후 마지막으로 마스터링을 하는데, 믹싱으로 트랙별 밸런스를 잡은 후 완성곡의 형태로 추출할 수 있도록 마지막으로 다듬는 과정을 마스터링이라고 합니다. 이 과정에서 전체적인 음색을 보정하고 음량을 조정합니다.

CD로 음반 발매를 하는 경우에 마스터링의 중요한 과정 중 하나는 바로 앨범 내 모든 노래의 음량 수준과 일관된 스타일의 보정입니다. 이렇게 마스터링이 끝난 앨범은 다른 노래로 넘어가더라도 이질감 없이 들을 수 있습니다. 하지만 디지털 음원이 보편화되고 한 앨범을 선택하여 모두 듣는 경우 다양한 가

수들의 곡을 연달아 듣는 경우가 많아지게 된 이후로 간혹 특정 곡의 볼륨이 다른 곡들에 비해 작게 느껴지는 등의 경험을 하기도 합니다. 이는 마스터링에 문제일 수도 있고, 음원 추출 과정에서의 왜곡이 생기는 상황일 수도 있습니다.

▶ 유튜브 크리에이터에게 음향 마스터링이 중요한 이유

곡마다 음량이 다르다면 그때마다 볼륨을 조절해야 하는 등의 불편함을 초래할 수 있습니다. 이는 유튜브 영상의 볼륨에도 동일하게 적용됩니다. 그러므로 영상 편집의 마지막에 음향 마스터링을 반드시 적용해야 청취자가 볼륨 차이로 인한 피로를 겪지 않으며, 음향 마스터링이 잘된 영상은 자연스럽게 좋은 영상으로 인식되어 채널 품질 향상에 기여할 것입니다.

아쉽게도 유튜브 영상들 중 음향 마스터링이 잘된 것은 드문 상태입니다. 심지어 방송사 공식 채널에서도 각 영상별로 음량 차이가 있고, 인트로 혹은 아웃트로와 메인 영상의 음량 차이로 인한 피로를 느낀 적도 있습니다. 이는 아직도 유튜브 음향 마스터링에 대한 중요성이 경시되고 있음을 보여 줍니다.

하지만 시청자의 선택은 냉정합니다. 더 좋은 영상을 찾게 될 것이고, 음향 마스터링이 잘되지 않았음을 인지하지는 못하더라도 알 수 없는 불편함은 느낄 것입니다. 그로 인하여 해당 영상과 채널의 품질에 대한 인식이 나빠지고, 이 불편함을 지속적으로 경험하면 결국 채널을 떠날 수도 있습니다. 결코 가볍게 생각해서는 안 될 요소입니다.

그러므로 내 채널을 찾는 방문자나 구독자가 늘어난다면 영상 편집 과정의 마지막에 음향 마스터링을 점검하여 '이유는 모르지만 완성도가 있는 영상'으로 인식될 수 있도록 노력해 보기 바랍니다.

🟠 오렌지노 특강 ── 유튜브 영상 편집 중 음향 마스터링에 고려해야 하는 사항들

어떤 영상을 봐도 동일한 수준의 음량을 유지하기에 가장 좋은 방법은 소음으로 느껴지지 않는 한 최대 음량으로 일치시키는 것입니다. 이를 위해 영상 안의 모든 음향 소스에 사운드 이펙터(영상 편집 프로그램에도 사운드 이펙터가 대체로 제공됨) 중 노멀라이즈Normalize, 리미터Limiter 등을 사용하여 0dB을 넘지 않는 최댓값으로 맞춰 주는 것으로 시작합니다. 다음은 노이즈 게이트Noise gate 등의 이펙터를 사용하여 최대한 소음을 줄입니다.

또한 다양한 녹음 환경으로 구성된 영상 클립들을 편집하는 경우 리버브, 컴프레서 등을 활용하여 서로 다른 환경에서의 사운드 격차를 줄일 수 있습니다. 그리고 멘트와 배경음악이 동시에 나오는 구간은 배경음악이 멘트를 방해하지 않도록 음량 조절을 하는 등의 작업을 통해 음향 면에서도 편안한 영상을 만들어 주는 것이 중요합니다.

▶ 마스터 플러그인

Smart Control 영역의 [트랙/마스터] 탭에서 [마스터]를 선택하면 오른쪽에 표시되는 [효과/출력/EQ] 탭 중 [출력]과 [EQ] 탭이 모든 트랙에 마스터 제어가 적용되는 영역입니다.

[출력] 탭

먼저 **[출력]** 탭에서 최대 4개의 플러그인을 적용할 수 있습니다. 이 중 Limiter
리미터 플러그인을 선택해 열어 봅니다. 최대 음량 제한을 두는 기능으로 마스
터링 과정에서 반드시 필요한 이 부분은 기본적으로 설정되어 있지만, 그렇지
않을 수 있으므로 확인한 후 0.0dB로 설정합니다.

기본으로 제공되는 다양한 플러그인 혹은 타사 플러그인들을 활용하여 스테레오 효과를 강조하는 등의 음색 보정을 위한 작업을 추가할 수도 있습니다.

마스터 EQ

마지막으로 전체 EQ 설정을 수정합니다. 프리셋 중 [06 Mastering] 카테고리는 마스터 EQ에 적용하기에 적합한 목록입니다.

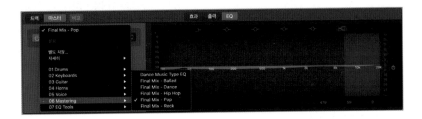

[06 Mastering] 카테고리의 하위 목록 중 원하는 장르를 선택하여 설정해 보고 비교한 후 최종 선택합니다. 마스터 EQ는 다른 프리셋에 비해 소폭 수정으로 왜곡을 최소화하는 설정입니다.

지금까지 믹싱을 거쳐 마스터링까지 마쳤다면 완성곡은 상단 메뉴에서 [공유] 메뉴를 이용하여 파일로 추출하거나 iTunes로 보내서 활용하면 됩니다.

J.Fla의
커버송 신드롬

▶ 유튜브의 인기 장르, 커버송

세계적으로 유명한 한국 유튜버인 J.Fla를 아시나요? 적어도 'Shape of you' 혹은 'Despacito' 커버송^{Cover Song} 영상을 본 사람은 있으리라 생각합니다. 이 두 영상은 모두 1억 뷰를 넘은 영상으로, 많은 해외 팬에게도 사랑받는 커버송입니다.

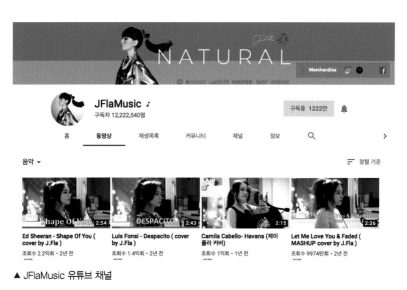

▲ JFlaMusic 유튜브 채널

유튜브의 성장과 함께한 유튜버 중 한 명인 J.Fla의 인기는 많은 유튜버가 커버송 콘텐츠를 시작하는 동기가 되었습니다. 커버송 콘텐츠가 많아지고, 인기도 상승하면서 많은 분이 커버송에 대한 음원 사용 권한과 수익 창출 등에 대한 궁금증을 가지게 되었습니다. 그래서 이번 코너에서 커버송, 즉 리메이크곡에 대해 자세히 알아보겠습니다.

먼저 커버송의 사전적 의미는, 어떤 뮤지션이 발표한 곡을 다른 사람이 다시 연주하거나 노래하여 2차 저작물로 만드는 것입니다. 경우에 따라서는 원작자의 곡보다 더 큰 인기를 얻기도 하고, 그로 인해 원곡이 다시 재조명 받는 일도 생깁니다. 오늘날 유튜브에서 커버송은 만인의 사랑을 받는 하나의 장르로 자리매김했습니다. 자신의 곡을 만드는 데 부담이 있고, 이미 익숙한 곡을 부르는 것이 대중의 공감을 받기에 더 수월하다는 측면에서 커버송은 아마추어 뮤지션들에게 좋은 콘텐츠 소재입니다.

리메이크를 위한 저작권 사용 권한과 유튜브 수익 분배 정책

유튜브 자체 Content ID 프로그램의 음원 저작권에 대한 판단 기술이 뛰어나다는 것은 이 책의 서두에 소개한 바 있습니다. 100% 일치하는 곡이 아니라도 멜로디 등을 분석하여 저작권이 있는 곡을 커버하면 유튜브는 어렵지 않게 알아낼 수 있습니다. 거기에 더해 유튜브는 커버송에 대한 저작권 정책을 가지고 있습니다.

먼저 유튜브에서 사용할 수 있는 곡들에 대한 음악 정책은 [크리에이터 스튜디오 → 만들기 → 음악 정책] 화면에서 확인할 수 있습니다.

음악 정책

이 디렉토리에는 노래 목록 및 저작권 소유자가 설정한 각 노래의 현재 정책이 나와 있습니다. 자세히 알아보기

baby shark

	Tiburon		Proyecto Uno
	Baby Shark		The Learning Station
	Baby Shark (2014 Version)		The Kiboomers
	Açucar		Kuduro
	Baby Shark		Mike Whitla
Baby Shark		**Traditional**

이 노래를 사용하는 경우
재생   전 세계에서 재생 가능
광고   광고가 표시될 수 있음

리메이크 곡을 연주할 경우
재생   전 세계에서 재생 가능
광고   광고가 표시될 수 있음

저작권 소유자는 정책을 변경하거나 동영상에 대해 여기에   이 노래의 저작권 소유자가 내 동영상으로 수익을 창출하여 광고가 표시될 수 있습니다.
알아보기

| | Drop Dead Baby | | Ty Segall, Mikal Cronin |

▲ 유튜브 음악 정책

모든 곡에는 원곡 사용 여부와 리메이크 곡 사용 여부에 대한 권한이 명시되어 있습니다. '리메이크 곡을 연주할 경우'의 재생 가능 국가와 광고 정책을 반드시 확인하고 리메이크가 자신의 국가(대한민국 등)에서 사용할 수 있다는 것이 확인되면 커버송으로 제작할 수 있습니다.

🍊 오렌지노 특강 ── MR이나 노래방 반주를 사용해서 노래만 직접 불렀다면?

커버하려는 곡의 MR을 검색하여 반주로 사용하거나, 노래방에서 부른 영상을 올리는 경우 리메이크가 아닌 저작자의 음원을 그대로 사용한 것으로 간주됩니다. 그러므로 모든 수익이 저작자에게 돌아갑니다. 다만 리메이크가 허용된 곡의 경우 반주를 직접 만들어 사용하면 수익을 분배받을 수 있습니다.

라이브 콘서트를 촬영한 영상도 수익 분배가 불가하며, 저작자에게 수익이 돌아갑니다.

기본적으로 커버송 콘텐츠를 업로드하면 크리에이터 스튜디오에서 '저작권 침해 신고'로 표기됩니다. 해당 동영상의 [저작권] 탭에서 수익 창출 여부를 확인할 수 있습니다. 아래 화면은 필자가 아이패드로 해당 곡을 연주하며 공연한 영상으로, 리메이크에 해당되며 수익을 공유하도록 설정할 수 있습니다.

이렇게 수익을 공유하도록 설정하면 유튜브 광고로 발생하는 수익을 관련 아티스트 또는 저작권 소유자와 공유하게 됩니다. 반주를 직접 만든 리메이크 커버송으로 수익을 창출하려면 이 방법을 통해 합법적으로 수익의 일부를 분배해야 합니다.

만약 유튜브 Content ID로 등록되지 않은 곡을 사용했다면 저작자가 소유권 주장을 할 수 있고, 그로 인해 발생하는 책임을 감수해야 하므로 주의해야 합니다.

▶ 반주를 직접 만들자! 대중가요를 리메이크하는 방법

원하는 곡을 리메이크하려면 지금껏 배운 작곡 방법을 활용하여 반주를 직접 만들어 볼 수 있을 것입니다. 악보를 구할 수 있다면 멜로디와 코드를 확인할 수 있어 원하는 악기를 편성하여 반주를 만들 수 있을 것이고, 악보를 구하기 어렵다면 직접 들으면서 멜로디와 코드를 알아내야 합니다.

직접 들으면서 멜로디와 코드를 알아내려면 어느 정도 높은 수준의 청음 능력이 필요합니다. 멜로디부터 들으며 개러지밴드로 연주하면서 그 멜로디를 찾아내야 할 것입니다. 이 정도라면 일정 수준의 음감이 있어도 가능하지만 코드 청음은 동시에 울리는 음을 파악해야 하기에 결코 쉽지 않습니다. 이럴 땐 앞에서 공부한 코드 이론을 활용해야 합니다.

이번 기회에 개러지밴드를 활용하여 기성곡을 리메이크하는 방법을 설명해 보겠습니다. 아래의 순서는 반드시 따라야 하는 것은 아니지만 필자가 가장 선호하는 방식이라 소개합니다. 리메이크를 원하는 곡의 악보를 구할 수 없어 직접 청음하면서 만들어야 할 때의 리메이크 MR 제작 과정입니다.

이 과정은 이미 해당 곡을 많이 들어 잘 알고 있는 상태를 가정했습니다. 노래를 듣지 않아도 멜로디를 처음부터 끝까지 기억할 수 있을 정도로 반복해서 들어 본 다음 작업해야 합니다. 반복적으로 곡을 들으면서 멜로디와 함께 편성된 악기, 리듬, 각 악기의 역할 등을 파악하면서 듣는 연습도 필요합니다.

STEP 01 템포 설정

먼저 템포를 확인해야 합니다. 아이폰/아이패드용 개러지밴드를 이용하면 템포를 쉽게 찾을 수 있습니다. [(설정) → 노래 설정 → 템포] 화면으로 이동하면

[탭하여 템포 설정] 버튼이 보입니다. 이 버튼을 이용합니다.

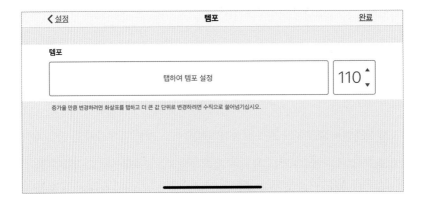

[탭하여 템포 설정] 버튼을 터치하는 간격의 평균을 분석하여 템포를 파악할 수 있는 기능입니다. 원곡을 들으며 비트에 맞게 버튼을 터치하면서 템포를 찾습니다. 정확한 템포를 찾으려면 가급적 10회 이상 비트에 맞게 터치하여 오차를 줄이도록 합니다. 물론 원곡과 다른 느낌을 주기 위해 템포를 바꾸는 것도 좋은 시도가 될 수 있습니다.

STEP 02 곡 구성 확인

다음은 곡 구성을 확인합니다. 먼저 곡 구성에 쓰이는 용어부터 파악해 보겠습니다

- **Intro:** 보컬이 시작되기 전까지의 연주 구간입니다.

- **Verse:** 도입부 역할로 1절 Verse는 이야기의 시작을 담당합니다.

- **Bridge:** 달라지는 분위기를 이어 주는 역할로 일반적으로 Verse와 Chorus 사이에 분위기를 고조시키는 연결고리가 됩니다.

- **Chorus:** 하이라이트 구간으로 곡에서 가장 뚜렷한 인상을 주는 파트를 말하며, 많은 뮤지션이 '사비'라고 표현합니다.

- **Interlude:** 간주 파트로 보컬이 없거나 애드립만 넣어 쉬어 가는 역할을 합니다.

- **Outro:** 곡을 자연스럽게 마무리하는 역할입니다.

이어서 일반적인 곡 구성 중 하나를 살펴보면 다음과 같습니다.

> Intro → Verse1 → Bridge1 → Chorus1 → Interlude → Verse2 →
> Bridge2 → Chorus2 → Bridge3 → Chorus3 → Outro

위 구성을 보면 반복되는 구간들을 파악할 수 있습니다. 이 구성 파악을 먼저 끝낸 후 이어서 곡 작업을 하면 반복되는 구간에 대한 작업량을 줄일 수 있어 효과적입니다.

개러지밴드에서 작업할 때 아이폰/아이패드 버전은 트랙 작업 공간에서 노래 섹션을 활용하여 곡 구성을 미리 입력해 두거나 반복되는 구간을 복제하여 편리하게 편집할 수 있습니다. A 섹션은 Intro, B 섹션은 Verse1처럼 매칭하여 작업하면 수월합니다.

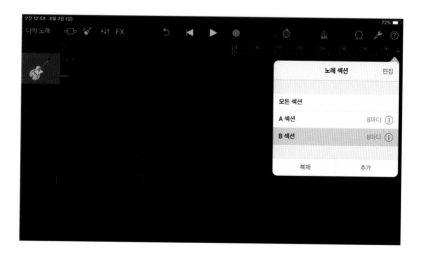

STEP 03 조성(Key) 찾기

반주가 없어도 멜로디를 부를 수 있을 정도로 반복해서 들었다면 이제 그 멜로디를 들으면서 피아노 등 편한 악기로 연주해 봅니다. 먼저 첫 음을 찾아내면 다음 음들은 비교적 쉽게 찾을 수 있습니다. 절대 음감이 아니더라도 원곡의 멜로디와 연주하는 음이 같은지 다른지는 구분할 수 있기에 맞는 음을 찾을 때까지 반복하여 찾습니다. 도입부보다 멜로디가 더 익숙하게 들리는 코러스 부분부터 시작하는 것이 상대적으로 쉽습니다.

이렇게 멜로디를 어느 정도 연주했다면 연주한 멜로디 라인의 흰 건반과 검은 건반을 보며 음계를 유추합니다. 최대한 장조 음계의 7음이 모두 연주될 때까지 멜로디를 따면 음계를 찾는 데 큰 어려움은 없을 것입니다. 다만 해당 장조 음계가 아닌 음이 멜로디에 있을 수 있으므로, 멜로디 안에 단2도가 연달아 있다면 둘 중 하나는 음계에 해당하는 음이 아니라는 것을 염두에 두고 계속 찾아봅니다.

🍊 오렌지노 특강 ──────────── **음계를 더 쉽게 찾으려면?**

간주(Interlude)가 나오기 직전, 코러스의 마지막 음이 그 음계의 I도에 해당하는 음일 가능성이 높습니다. 그 음이 F라고 가정하면, F장조의 음계인 F, G, A, B♭, C, D, E에 멜로디가 대체로 포함되어 있으면 그 음계가 맞을 가능성이 높습니다.

위 과정으로 찾은 음계로 멜로디를 연주했을 때 자연스럽게 들린다면 조성을 확정하고 다음 과정으로 넘어갑니다.

STEP 04 리듬 파악 및 드럼 파트 녹음

리듬 파악은 다른 악기를 연주하기 전에 거쳐야 하는 중요한 작업입니다. 일반적으로 하이−햇을 잘 들으면 비트를 알 수 있는데, 대부분의 곡이 4/4 박자이니 먼저 4박으로 이루어진 것이 맞는지 검증하는 것이 수월합니다. 3/4 박자 혹은 6/8 박자와 같은 리듬은 우선 다음 기회로 미루고, 4/4 박자로 이루어진 다른 곡을 찾아 먼저 작업하는 것을 추천합니다. 상대적으로 익숙한 4/4 박자부터 연습하면서 스스로의 능력을 향상시키는 것이 좋습니다.

이 과정까지 왔다면 개러지밴드에서 템포, 조성, 박자를 입력할 수 있습니다. 찾은 값을 개러지밴드에 설정하고 리듬 파악을 계속 진행합니다.

코러스 위주로 드럼 라인에 집중하여 반복적으로 들어 봅니다. EQ 조정으로 저음부BASS 소리를 키워서 들으면 드럼의 베이스 라인까지 좀 더 명확하게 들을 수 있습니다. 베이스 8비트 리듬 안에서 진행되고 있는지, 혹은 16비트 이상이나 스윙 리듬 등 복잡한 리듬을 가지고 있어 8비트로 표현할 수 없는지 확인해 봅니다. 만약 8비트로 표현할 수 없다면 처음 도전하는 리메이크 작업으로는 난이도가 높은 편이므로 가급적 다른 곡으로 먼저 연습하기를 추천합니다.

드럼 리듬에 대한 확인이 끝났다면 이제는 섹션별로 드러머 트랙을 채웁니다. 드러머 트랙을 이용하면 편리하지만 원하는 리듬을 찾기 힘들다면 아이폰/아이패드용 개러지밴드에서 연주하거나 맥용 개러지밴드의 MIDI 영역 피아노 롤에서 마우스로 입력하거나 마스터 키보드를 연결한 후 연주하는 등의 과정을 통해 드럼 라인을 채웁니다.

STEP 05 코드 찾기 및 베이스 녹음

리듬을 입력했다면 이제 코드를 찾아 악기들을 채울 차례입니다. 코드를 알아내는 과정은 멜로디보다 난이도가 높습니다. 원곡의 코드 진행을 정확히 파악하진 못하더라도 멜로디에 어울리게 구성할 수 있으면 그대로 리메이크해도 됩니다. 그러므로 앞서 배운 II – V – I 코드 진행을 염두에 두고 코드 진행을 찾습니다.

일반적으로는 한 마디에 하나의 코드를 사용하지만, 한 마디에서 코드를 두 개 이상 사용할 때도 있으니 이를 염두하여 코드를 찾습니다. 원곡의 코드를 찾는 가장 쉬운 방법이 바로 베이스 청음입니다. EQ의 저음역대 볼륨을 최대한 높이고 고음역대 볼륨을 낮추어 베이스를 가장 잘 들을 수 있는 환경으로 만든 뒤 베이스 라인에서 멜로디를 찾듯 연주하며 코드를 찾습니다. 그렇게 찾은 베이스의 마디별 첫 음을 해당 코드 으뜸음으로 가정하여 코드를 연주해 보고 자연스럽게 어울린다면 그 코드를 기록해 둡니다. 맥용 개러지밴드에서 메모장 기능을 이용하면 편리합니다.

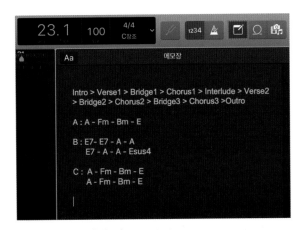

▲ 맥용 개러지밴드의 메모장

이제 코드의 으뜸음을 위주로 드럼 라인을 채웁니다. 드럼의 베이스 드럼 라인을 염두하여 크게 벗어나지 않는 리듬으로 베이스를 찍습니다. 드럼 라인을 안정적으로 채우면 그 뒤로 다른 악기의 코드는 수월하게 쌓을 수 있습니다.

STEP 06 멜로디 녹음

이제 멜로디를 녹음합니다. 최종 보컬 녹음 후 지워도 되는 부분입니다. 하지만 음으로 알고 있는 것보다 직접 연주하여 멜로디를 정확히 파악하는 과정도 중요하고, 보컬 녹음 중에도 멜로디 가이드가 있으면 수월하게 할 수 있습니다. 음을 정확히 찍어 주는 성향이 있는 관악기나 피아노 등의 악기로 멜로디 라인을 만듭니다.

원곡 멜로디 음을 정확히 파악하고 있다면 가이드 보컬로 바로 녹음하는 것도 좋습니다. 이때에는 보컬의 세세한 부분을 염두에 두지 않더라도 다시 녹음할 수 있으니 음과 박자만 틀리지 않도록 주의해서 녹음하면 됩니다.

STEP 07 나머지 악기 녹음

원곡의 악기 편성에서 그대로 따르고자 하는 악기들을 먼저 연주하여 채웁니다. 개러지밴드에서 활용할 수 있는 많은 악기의 소리를 직접 들어 보고 고르면 됩니다. 그 외에 원곡에는 없지만 더할 악기가 있다면 추가합니다. 리메이크 작업이므로 악기 편성을 다양화하거나, 곡 구성을 변경하는 등 원곡과 다른 느낌을 주는 것이 좋습니다.

STEP 08 볼륨, 팬 믹싱

반주 작업의 마지막으로 볼륨과 팬 믹싱 작업을 거쳐 반주를 풍부하게 만듭니다. 트랙 헤더에서 볼륨과 팬을 바로 조절할 수 있습니다.

▲ 볼륨과 팬 조절

각 악기가 개별적으로 재생될 때 적절한 볼륨으로 녹음되어 있다는 가정에서 다른 악기들과 함께 연주될 때 밸런스가 맞지 않을 수 있습니다. 여러 악기를 동시에 재생해 보고 지나치게 크게 들리는 부분을 찾아 해당 악기의 볼륨만 조절합니다. 볼륨은 기본적으로 0을 기준으로 +6dB에서 -95dB까지 조절할 수 있는데, 가급적 0보다 +가 되도록 높이지 말고 지나친 트랙을 줄이는 방식으로 전체 볼륨을 조절합니다.

다음은 팬 조절입니다. 기본적으로 좌우가 균형 있게 들리도록 설정되어 있지만 악기마다 팬을 다르게 설정할 수 있습니다. 피아노는 오른쪽에서 더 크게 들리고 기타는 왼쪽에서 더 크게 들리는 등의 인위적인 편성으로 공간감이 더욱 풍부하게 느껴지게 할 수 있습니다. 이와 같은 팬 작업은 가급적 헤드폰을 착용하고 그 느낌을 확인하면서 편성하는 것이 좋습니다. 오른쪽과 왼쪽에 위치하는 악기들을 균등하게 배치하여 전체적으로 한 방향으로 쏠리지 않도록 주의합니다.

마지막으로 트랙별 제어기 설정과 마스터 플러그인 설정, EQ 등을 설정합니다. 음향에 대한 지식과 경험이 많지 않다면 가급적 변경하지 않고 그대로 사용하기를 권장합니다. 물론 설정을 변경해 가면서 그 차이를 인식하는 것은 좋은 공부가 됩니다.

> **🍐 오렌지노 특강**
>
> 지금까지 과정을 잘 따라왔다면 어느새 리메이크용 MR을 완성했을 것입니다. 완성된 MR은 공유 기능으로 압축되지 않은 음질로 저장합니다. 이후 제작하고자 하는 커버 영상 반주로 사용하면 됩니다. 커버송 작업물의 품질을 위해 MR은 이어폰이나 헤드폰으로 듣고 노래하는 영상에서 보컬 녹음만 별도로 추출한 뒤 영상 편집 과정에서 다시 반주를 넣는 방식으로 작업하는 것이 좋습니다.

이렇게 나만의 곡을 만드는 방법과 리메이크 곡으로 커버송을 만드는 과정까지 모두 배웠습니다. 이제 직접 만든 배경 음악으로 여러분의 유튜브 채널 퀄리티를 향상시켜 보세요. 마지막으로 각자의 영역에서 분투하는 모든 유튜브 크리에이터를 응원합니다.

진솔한 서평을 올려주세요!

이 책이나 이미 읽은 제이펍의 다른 책이 있다면, 책의 장단점을 잘 보여주는 솔직한 서평을 올려주세요.
매월 다섯 분을 선별하여 원하시는 제이펍 도서 1부씩을 선물해드리겠습니다.

- **■ 서평 이벤트 참여 방법**
  - 제이펍의 책을 읽고 자신의 블로그나 인터넷 서점에 서평을 올린다.
  - 서평이 작성된 URL을 적어 아래의 계정으로 메일을 보낸다.
    review.jpub@gmail.com

- **■ 서평 당선자 발표**
  매월 첫 주 제이펍 홈페이지(www.jpub.kr) 및 페이스북(www.facebook.com/jeipub)에
  공지하고 당선된 분에게는 개별 연락을 드리겠습니다.

독자 여러분의 응원과 질타를 통해 더 나은 책을 만들 수 있도록 최선을 다하겠습니다.